한국인은 참지 않아

한국인은 참지 않아

10대가 알아야 할, 우리가 바꾼 역사

초판 1쇄 발행 2024년 9월 20일
글쓴이 신서현 | 그린이 엄주
펴낸이 홍석 | 이사 홍성우 | 편집부장 이정은 | 편집 조유진 | 디자인 권영은 | 책임디자인 김영주
마케팅 이송희·김민경 | 제작 홍보람 | 관리 최우리·정원경·조영행
펴낸곳 도서출판 풀빛 | 등록 1979년 3월 6일 제2021-000055호
주소 서울특별시 강서구 양천로 583 우림블루나인 A동 21층 2110호
전화 02-363-5995(영업) 02-362-8900(편집) | 팩스 070-4275-0445
전자우편 kids@pulbit.co.kr | 홈페이지 www.pulbit.co.kr
블로그 blog.naver.com/pulbitbooks | 인스타그램 instagram.com/pulbitkids

© 신서현, 엄주 2024

ISBN 979-11-6172-944-2 43910

10대가 알아야 할, 우리가 바꾼 역사

한국인은 참지 않아

신서현 글 | 엄주 그림

풀빛

참지 않는 한국인들이
만들어 온 역사

　오늘날 세계는 대한민국을 주목하고 있어. 벌써 10년 넘게
꺼질 줄 모르는 K-POP의 선풍적 인기와 최근 한국 영화, 드
라마의 국제 상 수상은 한국 문화의 역량을 전 세계에 드러냈
어. 요즘은 웹툰, 게임 등도 한류를 일으키면서 한국이 문화
강국임을 더 확실히 보여 주고 있지.

　2021년에는 유엔 무역 개발 회의가 한국을 개발 도상국에서
선진국으로 격상시키면서 다시 한번 세계를 놀라게 했어. 개발
도상국이 선진국이 된 건 한국이 최초였거든. 한국은 이제 세
계 10위의 경제 대국이야.

　또한 한국은 민주주의를 성공적으로 정착시킨 나라이기도
해. 전 세계에서 겨우 10퍼센트 남짓의 국가만 '완전한 민주주

의 국가'로 평가받는다는 거 혹시 알고 있니? 한국은 당당히 그 속에 포함되어 있어.

정리하자면 한국은 문화, 경제, 정치 등 여러 면에서 큰 성취를 이루어 냈다는 말이지.

세계인들은 이런 한국의 성취를 굉장히 신기해한대. 식민 지배를 겪은 나라 중에 선진국 반열에 오른 나라는 여태껏 없었거든. 게다가 한국은 불과 70년 전에 전쟁(6·25 전쟁)으로 모든 것을 잃고 세계 최빈국으로 떨어졌었어. 분단으로 인한 안보 불안을 내내 짊어져 왔고, 독재 정치를 오래 겪었지. 사실 독재 정치 같은 권위주의를 오래 겪으면 훌륭한 문화가 꽃피기는 힘들거든. 그런 한국이 다방면에서 이뤄 낸 놀라운 발전은 다들 기적이라고 말하지. 다른 나라 사람들뿐만 아니라 우리나라 사람 중에도 그렇게 생각하는 사람들이 많더라고.

그러나 오늘날 한국의 비상은 기적도 운도 아니야. 역사 속에서 꾸준히 쌓아 온 저력으로 날아오른 거지. 기존 선진국들이 자신들의 역사 속에서 나라를 발전시켜 현재에 이르렀듯이 말이야.

그렇다면 우리나라가, 한국인이 역사 속에 쌓아 온 저력은 무엇일까? 한마디로 표현하기는 좀 힘든데, 공동체를 위하는 저항 정신이라고 말할 수 있을 것 같아. 공동체에 위기가 닥치면 유전자에 흐르는 홍익인간 정신이 발현된달까.

우리나라 역사 중 큼직한 사건들을 살펴보면 느낌이 올 거야. 3·1 운동은 "일본의 비인간적인 식민 통치 더 이상 참지 않아!" 하면서 온 민족이 함께 독립 만세를 외친 사건이었잖아. 6월 민주 항쟁도 "군사 독재 더 이상 참지 않아!"를 외치며 전국의 시민들이 참여해 민주화를 이뤄 낸 사건이었지. 2016~2017년 촛불 집회는 "민주주의 후퇴 더 이상 참지 않아!"라는 마음으로 우리나라 역사상 최대 인원이 모여 대통령 탄핵을 이끌어 냈어.

다시 말하자면 한국인들은 정의에 대한 예민한 감각을 가지고 있어. 이 예민한 감각은 나 자신을 위해서만 발휘되는 게 아니라는 점이 더 흥미롭지. 우리나라 사람들은 나 억울한 것도 못 참지만 남 억울한 것도 못 참거든. 그래서 옳지 않은 일에 저항할 줄 알고, 이런 저항에 다들 함께해 줄 거라는 사회적 믿음이 오래전부터 마음속에 자리 잡고 있었어.

2016년 겨울 매주 평화롭게 진행되는 촛불 집회를 보고 미국의 저명한 외교 전문 잡지인 〈포린 폴리시(Foreign Policy)〉는 "한국인은 저항의 기술을 숙달했다."고 표현했어.

지금부터 우리는 '참지 않는' 한국인이 저항의 기술을 숙달하기까지 어떤 과정을 거쳤는지 살펴볼 거야. 4·19 혁명, 6월 민주 항쟁, 촛불 집회처럼 짜릿한 성공의 순간도 있지만 여기서 소개하는 대부분의 장면들은 실패와 눈물, 한숨으로 얼룩져 있어.

그러나 당시의 실패가 영원한 실패는 아니었기에 지금이 있는 거겠지? 저항은 부정한 사람들이 감추고 있던 문제들을 까발렸어. 그리고 다시는 덮을 수 없게 만들었지. 또 저항하던 사람들의 억울한 희생은 구경만 하던 사람들을 저항에 참여하도록 이끌었어. 마치 배턴을 이어받듯 이전 사건은 다음 사건에 영향을 주었고, 느리고 더뎌도 결국 문제는 조금씩 해결되어 갔단다. 한 걸음 나아갔다가 두 걸음 후퇴하게 되어도 결국 그 반동으로 역사는 다시 세 걸음, 네 걸음 묵묵히 나아갔어.

저항을 통해 사람들은 조금씩 더 나은 세상을 만들어 왔어. 외세로부터 나라를 지키고, 신분 제도를 없애고, 지배자가 마음대로 권력을 휘두르는 전제 정치를 허물고, 식민 지배에서 벗어나고, 민주화를 이루고, 하루 8시간만 일하게 하고, 각종 차별을 없애 왔지.

하지만 여전히 우리 주변에는 해결해야 할 문제가 많아.

이제 세상을 조금 더 낫게 만드는 건 현재를 살고 있는 우리의 몫이야. 이순신도 김구도 아닌 평범한 내가 어떻게 세상을 바꿀 수 있냐고? 책을 읽다 보면 알게 될 거야. 우리 역사의 중요한 변화는 모두 평범하고 선한 사람들이 힘을 모아 만들어 냈다는 걸.

신서현

차례

조선 사람들은 참지 않아,

임진의병

임진왜란 하면 누가 떠올라? 수식어가 필요 없는 명장이자 영웅인 이순신, 당시 조선 왕이었던 선조, 행주 대첩을 승리로 이끈 권율 정도가 생각나려나?

여기서는 이들보다 '덜 유명한 사람들'의 이야기를 해 보려 해.

임진왜란은 알다시피 조선의 승리로 끝났어. 하지만 전쟁 초기에는 아무도 조선이 이길 거라 생각하지 않았단다. 아니, 못했지. 서울이 20일 만에 일본군 손에 넘어가고 선조는 도성을 버리고 피란을 갔는데 승리는 무슨.

한마디로 나라가 망할 위기였는데 이때 등장한 것이 의병이었어. 전쟁 초기 의병이 활약하고, 이순신이 지휘하는 수군이 제해권을 장악하면서 전세는 뒤집히기 시작했지. 동시에 관군이 재정비되고, 명나라의 참전이 이어지면서 임진왜란은 결국 조선의 승리로 마무리될 수 있었어.

앞에서 말했던 '덜 유명한 사람들'이 바로 의병이야. 이번 장에서는 임진왜란 초기 전세를 바꾼 의병이 누군지 알아보자고.

의병의 등장

임진왜란은 1592년 음력 4월 13일, 일본이 20만 대군을 이끌고 부산으로 쳐들어와서 시작된 전쟁이야. 당시 일본은 도요토미 히데요시가 전국을 통일하고 권력을 잡고 있었어. 이 사람은 권력욕과 야망이 지나쳐서 예전부터 조선을 정벌하고 명나라까지 쳐들어갈 계획을 품고 있었단다. 그래서 일본은 몇 년에 걸쳐 차근히 대규모 전쟁 준비를 해 왔지.

하지만 조선은 그렇지 못했어. 조선은 병농일치 군사 제도를 택하고 있었는데, 양인 남자들은 평소에 농사를 짓다가 당번처럼 1~2개월 정도 군대에 가야 했어. 하지만 먹고 사는 것이 바쁘니까 갈수록 군대를 피하려는 사람이 늘었어. 그래서 군대에 대신 가 줄 사람을 사서 보내는 일이 흔해졌는데 하도 이런 일이 많으니까 조선 정부에서는 아예 병역 의무를 세금으로 바꿔 버렸지. 군사가 필요한 지역에 세금을 보내서 군인을 사서 쓰게 한 거야.

이렇다 보니 병력은 조선 초기에 비해 줄 수밖에 없었어. 그나마 임진왜란이 터지기 1년 전부터는 일본의 낌새를 눈치채고 전쟁 준비를 해 나갔는데 이마저도 쉽지 않았어. 조선 건국 이후 200년 넘게 큰 전쟁이 없었던 터라 갑자기 성을 쌓고 훈련을 하자고 하니 사람들의 원성이 컸지. 무엇보다 일본이 20만이라는 엄청난 대군을 몰고 올지는 전혀 예상하지 못했어. 기껏해야 이전 왜란들보다 조금 큰 규모겠거니 하고 있었거든.

이런 상황이니 전쟁 초기 모습이 어땠는지는 말 안 해도 알겠지? 부산으로 들어온 일본군은 엄청난 병력으로 경상도 지방군을 손쉽게 격파하고 왕이 있는 서울로 진격했어. 조정에서는 중앙군을 내보내 막으려 했지만 이마저도 다 실패하고 결국 개전한 지 20일 만에 서울이 함락되었단다. 당시 국왕인 선조는 피란을 가서 붙잡히지 않았지만 관군이 속수무책으로 당한 터라 앞날이 막막했어.

관군이 무너졌으니 조선 백성들은 "항복합니다." 했을까? 아니지. 한국인은 참지 않는다니까. 전국 각지에서 자발적으로 의병이 일어나기 시작했어. 의병은 나라가 외침으로 위급할 때

국민들이 자발적으로 조직하는 군대를 말해.

의병을 조직한 것은 주로 양반들이었어. 지방관을 맡았을 때 잘 다스려서 지역 사람들에게 존경을 받는 전직 관리, 그 지역에 대대로 오래 살면서 명망을 쌓은 선비 등이 주축이 되어 의병을 모집했지.

하지만 의병은 영웅 한 명의 리더십만으로 해낼 수 있는 게 아니야. 의병 구성원 다수는 농민들이었고, 병역 의무가 없는 천인들까지 동참해서 나라를 지키기 위해 힘을 모았어.

의병이 등장하면서 전세는 달라지기 시작해.

전국 각지의 의병들

일본군은 부산으로 들어와서 세 갈래로 나누어 서울을 향해 올라갔기 때문에 경상도가 가장 먼저 일본군에게 짓밟혔어. 부산진, 다대포, 동래성이 이틀을 못 버티고 차례로 무너지고 울산, 양산, 경주 등 경상도 여러 고을이 순식간에 일본군 손에 들어갔지. 일본군은 경상도 전체를 차지하는 건 시간 문제라고 생각했어. 하지만 이게 웬일이야. 일본은 김해성 전투에서 처음으로 고전하게 돼.

　일본군 세 번째 부대는 김해를 시작으로 나머지 경상도 고을을 무너뜨리고 서울로 올라가려 했어. 김해 지역의 명망 있는 선비였던 송빈, 이대형, 김득기, 류식은 의병을 모아 관군과 함께 김해성을 지키기로 했지. 이들이 바로 임진왜란 최초의 의병인 사충신(四忠臣)이야.

　일본군은 1만 명이 넘는 대군이었고, 의병과 관군은 합쳐서 1천 명이 채 못되었어. 관군 지휘관은 압도적인 병력 차이에 도망가 버렸지만 사충신은 끝까지 남아 싸우면서 10배가 넘는 적군을 나흘간이나 막아 냈지. 결국 김해성은 함락되고 사충신은 전사했지만 이들의 활약은 일본군의 진군을 늦춰 다른 지역에 시간을 벌어 주었어. 무엇보다 사충신은 최초의 의병이라는 점에서 의의가 깊지.

　김해성 전투를 시작으로 일본군은 자기 나라에서는 한 번도 못 해 본 경험을 하게 돼. 일본 내에서 전쟁은 정규군끼리 싸워서 승패가 나면 그걸로 끝이었단 말이야. 이긴 쪽이 땅과 백성들을 차지하는 거였지. 백성들이 저항한다는 건 상상할 수 없는 일이었어. "관군을 물리쳤으니 이제 전투 끝~!" 하고 있던 일본군은 "끝날 때까지 끝난 게 아니다!"를 외치는 의병을 만나자 당황하지 않을 수 없었어.

뒤이어 경상도 의령에서는 곽재우가 의병을 일으켰어. 곽재우는 지방관들이 도망가고 일본군이 경상도를 점령하자 재산을 털고 집안 노비들을 모아 의병을 꾸렸지.

곽재우 부대의 활약 중 가장 유명한 것은 정암진 전투야. 당시 일본군은 바다를 이용해 전라도로 들어갈 생각을 하고 있었어. 그러나 이순신에게 일본 수군이 완파당하면서 해로를 이용하는 건 불가능해졌지. 일본군은 경상도를 거쳐 전라도로 들어가야겠다고 계획을 수정했어. 정암진은 경상도 의령에 있는 나루인데 여기서 배를 띄워 전라도로 넘어가려 한 거지. 곽재우는 이 지방 지리를 잘 알고 있었기에 이를 활용해 작전을 세웠어. 우선 장정들에게 붉은 옷을 입히고 사방에서 호각을 불게 해서 일본군의 정신을 빼놓았어. 뒤이어 숨어 있던 병사들에게 동시에 활을 마구 쏘게 해서 적은 병사로 손쉽게 일본군을 물리쳤지.

일본군은 정암진 전투에서 패배했지만 전라도를 포기하지 않았어. 다른 길을 이용해 계속 전라도로 들어가려 했지.

　하지만 경상도와 충청도, 전라도 의병이 이를 가만두지 않았어. 거창을 거쳐 전라도로 들어가려던 일본군은 김면과 정인홍의 의병 부대(경상도 의병)에 막혀 실패했어. 금산, 무주를 거쳐 전주로 가려던 일본군은 고경명(전라도 의병)과 조헌·영규 의병 부대(충청도 의병)의 격렬한 저항에 부딪쳤지.

한편 일본군은 서울을 점령한 이후 군대를 나누어 평안도, 황해도, 강원도, 함경도 등 북쪽으로도 진출해 갔어.

일본군의 원래 전략은 최대한 빨리 서울로 진출해서 왕을 사로잡아 전쟁을 단기간에 끝내는 거였거든. 그런데 선조가 파천(임금이 도성을 떠나 피란하는 일)하면서 계획이 틀어졌지.

전쟁이 빨리 끝날 줄 알고 물자를 충분히 준비하지 못한 일본군은 수군을 통해 물자를 보급받으려 했어. 그러나 수군이 이순신에게 박살이 나면서 해상 보급은 불가능해졌지. 결국 일본군은 조선 각 지역을 점령해 물자를 얻으려 했단다.

하지만 의병이 남쪽 지방에만 있었겠어? 이정암은 황해도에서 의병을 일으켜 연안성을 지키고 황해도 곡창 지대를 보존했어(연안성 전투). 함경도에서는 정문부가 의병을 일으켰지. 넉 달 동안 싸우면서 함경도의 성들을 탈환하고, 주둔해 있던 일본군을 모두 몰아냈어(북관 대첩). 정문부의 활약을 기록한 비석이 북한에 있는데 이름이 '북관 대첩비'야. 북관은 함경도, 대첩은 큰 승리를 뜻하지.

이렇게 개전 후 두세 달이 지나자 전황은 크게 달라졌어. 수군의 활약과 의병의 거센 저항에 힘입어 관군은 전열을 가다듬었고, 일본군의 공세에 대응해 나갔어.

관군과 의병은 대부분 함께 싸웠어. 의병 대장에게 벼슬을 주어 관군 부대를 함께 이끌게 하거나 의병 부대가 관군의 지휘 체계 아래 들어가기도 했지. 그 좋은 예가 임진왜란 3대 대첩(한산도 대첩, 진주 대첩, 행주 대첩) 중 하나인 진주 대첩이야.

달라진 상황에 기세가 밀린 일본군은 우선 진주성부터 차지해야겠다고 판단했어. 진주성은 경상도의 대표 고을이자 전라도로 들어갈 수 있는 관문이었거든. 대규모 병력을 보내 진주성을 일단 확보하면 경상도를 완전히 차지하고 전라도로 진출할 수 있을 거라는 생각이었지. 일본은 전라도가 간절했어. 곡창 지대인 전라도를 점령하면 보급 문제를 해결할 수 있을 테니까.

진주 목사였던 김시민은 이 소식을 듣고 곽재우, 최경회 등 의병장들과 주변 고을에 연락해 지원군을 모았어. 그렇게 모은 군사가 3,800여 명이었는데 일본군은 3만 명이나 되었지.

병력이 거의 10배 차이가 나니 얼마나 어려운 전투였을지 상상이 가지? 그러나 김시민의 뛰어난 전략과 의병들의 후방 지원, 관군·의병·백성이 똘똘 뭉쳐 싸운 덕에 5일간의 전투는 조선군의 대승으로 마무리됐어. 이때 사망한 일본군이 1만 명이 넘었다고 해.

　진주성을 지킨 덕분에 전라도는 그대로 보존되었고, 일본군은 보급 문제를 해결할 수 없었어. 또 전라도 의병들이 활발하게 활동할 수 있게 되었고, 이순신과 전라도 수군도 안심하고 해전에만 집중할 수 있게 되었지.

　이 외에도 수많은 의병들이 전국 각지에서 활동하며 일본군

과 맞서 싸웠어. 휴정, 유정, 영규, 처영 등 승려들은 의승병을
일으켜 힘을 보탰지. 휴정과 유정은 평양성 탈환에 공을 세웠
고, 영규는 청주성 전투를, 처영은 행주 대첩을 승리로 이끄는
데 큰 몫을 했어.

결국 일본군은 관군과 수군, 의병과 승병까지 조선 백성 전
체와 싸워야 했던 거야.

의병 정신

7년간의 임진왜란은 많은 피해를 남겼으나 조선의 승리로
마무리되었어. 쉽지 않은 전쟁이었지만 이길 수 있었던 건 관
군, 수군, 의병, 백성들이 모두 주인의식을 가지고 똘똘 뭉쳐
싸운 덕이 컸지.

그중 의병의 기여만 살펴보자면 자신들의 고을을 스스로 지
킨 것, 전국 각지에서 싸우면서 일본군 병력을 분산시킨 것, 일
본군의 보급로를 공격해 보급을 방해한 것 등을 들 수 있어.

하지만 의병의 가장 큰 기여는 이런 군사적인 측면보다 심리
적인 면이 아니었을까 싶어. 의병이라는 존재 자체가 일본군에

게 엄청난 부담이었거든.

일본은 의병을 전혀 예상하지 못했어. 관군을 패퇴시켰으니 조선 백성들이 좋든 싫든 일본군을 새 주인으로 맞을 거라고 생각했지. 그런데 백성들이 들고 일어나 저항하니 당황스러울 수밖에. 저항하는 백성들을 죽이면 더 많은 사람들이 저항하고, 더 많은 사람들이 의병에 참여했어. 게다가 일부 지역만이 아니고 전국에서 의병이 등장하니까 일본군은 모든 곳에서 적이 나타나는 느낌을 받았을 거야.

사실 의병은 임진왜란 시기에 갑자기 뿅 나타난 게 아니야. 독립운동가이자 역사학자인 박은식은 의병의 전통이 삼국 시대로 거슬러 올라간다고 했어. 수, 당 등과 싸웠던 고구려의 기억, 백제가 망하자 일어난 백제 의병의 기억, 몽골에 끝까지 저항했던 삼별초의 기억 등이 차곡차곡 쌓여 공동체가 위기에 처했을 때 어떻게 행동해야 하는지 삶의 방식을 만들어 주었다는 거지. 공동체가 위기에 처하면 힘을 모아 끝까지 싸우는 게 우리 민족이 함께 살며 만들어 낸 삶의 방식이야. 박은식은 이를 '의병 정신'이라고 표현했어.

임진의병은 삼국 시대부터 이어 온 의병의 개념을 또렷하게 해 주었고 의병 정신을 정립시켰어. 의병 정신은 대대로 전해져 나라가 위기를 맞을 때마다 발휘되었지. 임진왜란이 끝나고 30여 년 후 정묘호란과 병자호란이 발발하자 어김없이 의병이 일어났고, 다시 300년이 더 흘러 나라를 잃을 위기에 처하자 항일 의병이 일어났어.

역사의 반복은 삶의 태도를 만들어 낸다고 하지. 한국인은 긴 역사 속에서 많은 위기를 함께 겪으면서 공동체를 지키기 위해 함께 싸우는 삶의 태도를 정립했어. 다음 장들에 등장할 사건들도 그러한 삶의 태도가 만들어 낸 결과물이야.

농민들은 참지 않아,
동학 농민 운동

역사를 공부하다 보면 다양한 인물들을 만나게 돼. 그중 우리가 가장 많이 만나는 인물은 아마 왕일 거야. 그다음으로는 정승, 장군 같은 양반들이고. 사회 교과서나 역사책을 얼른 펼쳐 봐도 이름과 얼굴이 나오는 건 왕과 양반들이잖아. 농민이나 천인은 그들의 배경 그림으로나 등장할 뿐이지.

그런데 조선 말에 가면 농민들이 역사의 당당한 주인공으로 등장하는 순간이 와. 가혹한 세금과 폭정에 그저 눈물만 뚝뚝 흘리던 농민들이 점점 성장하더니 어느새 사회 개혁을 외치는 강력한 세력이 되어 나타났거든.

관아에 가서 호소하고, 수천 명이 모여 집회를 열어도 아무 소용이 없자 농민들은 죽창을 들고 관군과 싸웠어. 그러다가 일본군과도 싸우게 되는데 이렇게 커진 농민들의 싸움은 동아시아 정세를 바꾸고, 수천 년을 이어 온 신분제까지 없애게 돼. 이 엄청난 사건은 바로 동학 농민 운동이야.

역사의 주연은커녕 엑스트라밖에 못 되었던 농민들이 어떻게 자신들을 옭아매던 신분제를 없애 버릴 수 있었을까?

동학을 믿게 해 주세요

조선 말 백성들의 삶은 너무 힘들었어. 왜냐하면 너무 가난
했거든. 백성들이 가난했던 이유가 뭘까? 부지런히 일을 안 해
서? 아니야. 부지런히 일해 번 돈을 탐관오리들이 죄다 빼앗아
갔기 때문이야.

조선 말기, 세금을 걷는 수취 제도는 썩을 대로 썩어 있었어.
세금 걷는 일은 지방 관리가 맡아서 했는데 기준과 원칙을 무
시하고 자기들 마음대로 거둬들이는 일이 많았지. 중간에서 가
로채고 이를 메꾸기 위해 농민들에게 더 걷거나 법으로 정하지
않은 이상한 세금을 만들어 내서 백성들 주머니를 쥐어짰어.
오죽했으면 자기 땅과 집을 버리고 세금을 피해 도망가는 사
람들이 생길 정도였다니까.

백성들을 가난하게 만드는 이는 탐관오리 말고 또 있었어.

조선은 개항 이후 일본, 청나라 그리고 서양의 여러 나라와 불평등 조약을 맺게 되었는데 이로 인해 백성들의 삶은 더욱 피폐해져 갔지. 특히 외국 상인이 들어와 장사를 할 수 있게 되면서 농민과 상인 모두 고통받았어. 외국 상인들은 면직물, 성냥 같은 공산품을 팔면서 조선에서 쌀, 콩, 소가죽 등 농산품을 사 갔거든. 특히 일본은 한창 자국 산업이 발전하던 시기라 쌀이 많이 필요해서 조선 쌀을 쓸어 가다시피 했어. 그러다 보니 쌀값은 폭등하고 백성들은 식량 부족과 높은 물가에 허리가 휠 지경이었지.

백성들이 외세와 탐관오리 양쪽에서 얻어맞고 있는데도 조선 정부는 부패하고 무능해서 문제를 해결하지 못했어. 그래서 조선 후기에는 홍경래의 난(1811년), 임술 농민 봉기(1862년) 같은 큼직한 사건부터 지역별 자잘한 민란까지 난리가 없던 해가 없었단다.

이때 동학이 등장했어. 동학은 1860년 최제우가 창시한 종교야. 최제우는 현실의 문제를 기존 사상인 유교, 불교, 도교로는 해결할 수 없다고 생각했어. 그래서 새로운 사상을 만들었는데 서양 사상을 뜻하는 단어인 '서학(西學)'에 대립해서 '동학(東學)'이라고 이름 붙였어.

동학은 모든 사람이 평등하다고 주장했어. 그래서 신분 차별, 적서 차별(본부인의 자식인 적자와 첩의 자식인 서자를 차별하는 것), 남녀 차별 등을 부정하고 누구든 서로 존중하고 도와야 한다고 가르쳤지. 고통받던 백성들에게 동학의 이런 교리는 큰 매력으로 다가와서 순식간에 신자 수가 불어났어.

하지만 조선 정부는 기존 질서를 부정하는 동학이 달갑지 않았어. 결국 교주 최제우는 처형되고 동학을 믿는 건 불법이 되었지. 동학을 믿다가 들키면 감옥에 가야 했어.

동학이 불법이 되자 탐관오리들은 백성들을 괴롭히는 수단으로 동학을 이용했어. 돈이 좀 있어 보이는 사람은 무조건 동학 교도로 몰아 가두었다가 뇌물을 바치면 풀어 주는 일이 많았지.

이러다 보니 부패한 사회를 바꿔 보고 싶어 하는 사람들도 동학에 관심을 갖기 시작했어. 최제우가 처형된 후에도 동학은 비밀리에 포교 활동을 하면서 교세를 넓혀 갔고 1892년부터 교조 신원 운동을 시작하게 돼. '교조 신원'은 동학의 교조인 최제우의 억울함을 풀어 달라는 뜻이야. 교조의 억울함이 풀려야 동학이 합법이 되고, 동학 교인이라는 이유로 탐관오리들에게 괴롭힘을 당하지 않을 테니까.

몇 번의 교조 신원 운동이 별 성과 없이 끝나고 동학교도들은 충청도 보은에서 큰 집회를 열게 되었어. 이 집회는 이전과는 사뭇 달랐어. '척왜양'이라는 깃발이 나부꼈거든. 척왜양(斥倭洋)은 "일본과 서양 세력을 타도하자."라는 뜻이야.

탐관오리와 외세에 질려 있던 사람들은 보은 집회에 큰 호응을 보냈어. 동학교도가 아닌 사람들도 많이 모였지. 이날 모인 사람들은 "부패한 정치 세력을 몰아내자.", "부당한 세금을 없애자.", "식량 문제를 해결하라.", "외세를 배척하라." 등을 주장했어. 조정에서는 깜짝 놀라 군대를 보내 집회를 해산시켰지만 사람들 마음에 타오르기 시작한 불꽃은 그대로 남아 있었지. 이 불꽃은 다음 해 동학 농민 운동으로 이어졌어.

탐관오리와 부패 정치 물러가라 - 1차 봉기

동학 농민 운동은 전라도 고부(지금의 전라북도 정읍)에서 시작돼. 전라도는 넓은 평야에 기름진 땅을 가진 곡창 지대여서 예전부터 탐관오리의 수탈에 가장 고통받은 지역이었어. 동학 농민 운동이 일어나기 두 해 전 부임해 온 고부 군수 조병갑은 탐관오리의 교과서 같은 사람이었단다. 기회만 되면 온갖 명

목으로 백성들을 털어 갔지. 그중 고부 사람들이 가장 참을 수 없었던 건 물세였어. 조병갑이 주민들을 시켜 필요하지도 않은 새 보를 쌓게 하고는 엄청난 물세를 물렸거든.

고부 사람들은 더 이상 참을 수가 없었어. 그래서 동학 접주 (동학 집회소의 우두머리) 전봉준을 대표로 해서 조병갑에게 호소했어. 뭐, 받아들여질 리 없었지.

그래서 전봉준은 1894년 2월, 천여 명 되는 동학교도와 농민들을 모아 봉기를 일으켰어. 고부 관아를 습격해 감옥에 갇힌 사람들을 풀어 주고, 무기고에서 무기를 탈취했지. 그리고 창고를 열어 농민들에게 수탈해 간 곡식을 다시 나눠 주었어. 조병갑은 도망쳤고 조정에서는 새 고부 군수와 조사관을 내려보냈어.

　이때까지만 해도 고부 민란이 어떤 결과를 가져올지 아무도
몰랐어. 조선 후기에는 한 해에도 몇 번씩 민란이 일어났고, 고
부 민란도 그전에 일어났던 민란과 별다를 게 없었으니까. 그
러나 이 조사관이 문제였어. 조사관이 조병갑을 싸고돌면서
모든 책임을 농민들에게 돌린 거야. 그는 동학교도들을 마구
잡이로 체포해서 재산을 빼앗고 집을 불태웠어. 심지어 부녀자
까지 괴롭히는 만행을 저질렀지.

　전봉준은 다시 봉기하기로 마음먹었어. 인근 고을 동학 접주
들과 함께 탐관오리의 숙청과 보국안민(나랏일을 돕고 백성을 편안
하게 함.)을 위해 봉기하자는 글을 발표했지. 고부뿐만 아니라
전라도 여러 지역에서 동학교도들과 농민들이 모여들기 시작
했어.

　동학 농민 운동은 이전의 민란과는 달랐어. 이전의 민란은
한 고을에서만 일어났다가 그쳤고, 탐관오리의 처벌 정도만
주장했었거든. 그러나 동학 농민 운동은 고을의 울타리에서

벗어나 여러 지역으로 확대됐고, 반봉건·반외세를 외치며 사회 개혁 운동으로 발전하고 있었어.

고부에서 봉기한 농민군은 전라도의 여러 고을을 점령해 갔어. 고부의 황토현과 장성의 황룡촌 전투에서 관군을 격파하고, 5월에는 전주성에 입성했지. 조정에서는 수도의 군대를 보내 농민군을 막으려 했는데, 전주성이 함락됐다는 소식에 당황해서 청나라에 지원병을 요청해.

안 그래도 조선에 대한 지배권을 놓고 일본과 경쟁하고 있던 청은 신이 나서 6월 8일 아산만으로 군사를 이끌고 왔지. 갑신정변 때 일본과 맺은 톈진 조약에 따라 일본에 파병을 알렸고 말이야. 그러자 일본은 이틀 뒤 더 많은 군사를 데리고 인천항으로 들어왔어. 조선과 청은 어이가 없었지. 일본의 속내는 조선에서 청나라를 밀어내는 거였어. 그래서 이번 파병이 청의 영향력을 조선에서 완전히 제거할 좋은 기회라고 생각했지. 내란을 막기 위해 외국 군대가 들어오다니! 그것도 두 나라가 군대가 말이야. 일이 이상하게 흘러가고 있었어.

두 나라 군대가 조선에 들어왔을 때 농민군은 전주성을 잃고 관군에게 밀리는 상황이었어. 조선 정부는 두 나라 군대를 내보내기 위해 얼른 상황을 정리할 필요를 느꼈지. 그래서 농민군에게 요구를 들어줄 테니 화약(화목하게 지내자는 약속)을 맺자고 제안했어. 농민군은 변변찮은 무기를 가진 자신들이 정부군과 오래 싸우는 게 유리하지 않고, 청나라와 일본 두 나라가 파병해서 나라의 안전도 걱정되었기에 제안을 받아들여 전주 화약을 맺었어.

농민군은 해산해서 고향으로 돌아갔고, 동학 지도부는 전라도 지역 관아 안에 집강소를 설치해 치안과 행정을 맡게 되었어. 집강소는 일종의 주민 자치 기구야. 당시 전라도는 동학 농민군에게 점령당한 곳이 많아서 동학교도들의 협조 없이는 행정이 이루어질 수 없었거든. 동학 농민군은 집강소에서 전주 화약 때 제시한 폐정 개혁안을 실현하려 노력했어. 탐관오리 처벌, 신분제 폐지, 과부의 재혼 허용, 이름 없는 잡다한 세금 징수 금지 등이 폐정 개혁안의 내용이었지. 여기까지가 동학 농민군의 1차 봉기야.

일본군은 물러가라 – 2차 봉기

조선 정부와 농민군이 화약을 맺고 농민들은 고향으로 돌아갔잖아. 그렇다면 청군과 일본군도 자국으로 돌아갔을까? 톈진 조약에 따르면 그래야 했어. 조약에는 조선의 변란이 진정되면 양국의 군대는 즉시 조선에서 철수해야 한다고 적혀 있었거든. 하지만 일본은 그럴 생각이 전혀 없었어. 조선에서 청을 완전히 밀어내려면 한 번은 맞부딪쳐야 했고, 지금이 그 기회라고 생각했으니까.

결국 일본은 7월 23일 군대를 동원해 경복궁을 기습해서 고종과 명성 황후를 인질로 잡고 친일 내각을 세웠어. 그리고 이틀 뒤인 7월 25일, 일본은 아산 앞바다에서 청 함대를 기습 공격하면서 청일 전쟁을 일으켰어. 조선 땅에서 벌어진 두 나라의 이상한 전쟁은 조선 사람들을 고통스럽게 했단다. 청일 전쟁 중에는 전쟁터가 되어 고통받고, 청일 전쟁 후에는 일본이 조선 침략에 속도를 내면서 더 큰 고통을 받게 되지.

한편 친일 내각은 군국기무처라는 관청을 만들어 개혁을 해나갔어. 군국기무처는 고종도 간섭할 수 없는 막강한 권력을 가진 초정부적 기구였지. 군국기무처에서 실시한 개혁을 갑오개혁이라고 해. 1894년이 갑오년이거든. 갑오개혁에는 농민군이 주장했던 내용들이 많이 포함되었어. 조세 제도를 개혁해 세금을 전부 돈으로 내게 하고, 잡다하게 종류가 많았던 세금들을 간단하게 정리했지. 또 신분제와 노비제를 폐지하고, 과부의 재혼을 허용했어.

동학 농민군의 폐정 개혁안이 갑오개혁에 반영된 건 반길 일이었지만, 친일 내각은 일본에 의해 탄생했고 일본에 의지하고 있었기 때문에 한계가 많았어. 일본이 청일 전쟁에서 승기를 잡기 시작하자 일본의 내정 간섭은 더욱 심해졌지.

농민들은 다시 봉기하기로 결심했어. 이전의 봉기가 탐관오리와 부정부패를 몰아내기 위해서였다면, 이번 봉기는 일본군을 몰아내는 것이 목적이었어.

9월 전봉준의 봉기를 시작으로 전국에서 동학 농민군이 다시 일어나기 시작했어. 이들 중에는 후에 3·1 운동 주역이 되는 손병희와 임시 정부 지도자가 되는 김구도 포함되어 있었단다.

농민군은 공주를 거쳐 서울로 가겠다는 계획을 세웠어. 농민군의 2차 봉기 소식을 들은 친일 내각은 동학 농민군을 반역자로 규정하고 관군을 보내 진압하게 했어. '친일' 내각이 일본군을 타도한다는 동학 농민군을 그대로 둘 리 없었지. 일본군은 관군과 협력해 동학 농민군 토벌에 앞장섰어. 일본군은 반일을 외치며 일어난 동학 농민군을 완전히 제거해서 조선 내의 반일 세력을 새싹부터 잘라 낼 생각이었거든.

공주에서 맞부딪친 농민군과 관군·일본군은 우금치 계곡에서 치열한 격전을 벌였어. 농민군은 관군·일본군에 비해 수가 훨씬 많았지만 신식 무기로 무장한 그들을 당해 낼 수가 없었지. 농민군이 가진 총은 구식 조총이 대부분이었고 그나마도 없어서 죽창이나 농기구를 들고 싸우는 농민들이 많았거든.

우금치 전투에서 동학 농민군은 주력 부대를 거의 잃고 해산하고 말아. 전봉준을 비롯한 농민군 지도자들은 붙잡혀 처형당했고, 1894년을 활활 불태웠던 동학 농민 운동은 이렇게 막을 내리게 되지.

엑스트라는 이제 안녕, 역사의 주인공으로

동학 농민 운동은 이름이 많아. 동학 농민 혁명, 동학 농민 전쟁 등 다양한 이름으로 불리고 있지. 혁명, 운동, 전쟁 등 다양한 이름이 붙는 이유는 그만큼 동학 농민 운동이 다양한 성격을 가지고 있고 사회 다방면에 미친 영향이 크기 때문이야.

우선 동학 농민 운동은 국제 정세를 확 바꿔 놓았어. 동학 농민 운동을 막겠다고 조선 정부가 청나라에 파병을 요청하면서 청일 양군이 조선에 들어오게 되고 청일 전쟁이 일어났잖아. 이를 통해 일본의 조선 침략 야욕이 만방에 확실하게 드러나게 됐지. 청일 전쟁에서 일본이 승리하면서 청나라는 몇백년간 쥐고 있던 동아시아의 패권을 일본에 넘겨줄 수밖에 없었어. 일본은 이 전쟁으로 조선에 대한 지배권은 물론 대만과 랴오둥반도까지 얻어 내는데, 이때 러시아가 개입해서 랴오둥반도를 청에 돌려주게 되지. 결국 일본은 동아시아 패권을 놓고 다시 러시아와 대립하게 돼.

둘째로 동학 농민 운동은 신분제 등 구시대의 낡은 제도를 없애는 데 큰 영향을 미쳤어. 신분제 폐지, 노비제 폐지, 과부의 재혼 허용, 죄형 법정주의(죄와 벌은 법률에 의해서만 결정한다는 원칙), 조세 법률주의(세금을 걷는 일은 반드시 법률에 따라야 한다는 원칙), 지방관의 권한 축소, 과거제의 폐지와 능력 위주 인재 선발 등 갑오개혁이 실시한 개혁안들은 모두 농민군이 주장한 내용들이었지. 친일 내각에 의한 개혁이라 한계가 많았지만 이때 이루어진 여러 개혁 조치들은 조선이 더 발전된 사회로 나아가는 데 도움이 되었어.

셋째로 동학 농민 운동은 이후 항일 운동에 큰 영향을 미쳤어. 동학 농민군은 일본 제국군에 의한 첫 해외 학살 피해자였어. 그 아픔은 항일 운동의 씨앗으로 곳곳에 뿌려졌지. 2차 봉기 실패 후 뿔뿔이 흩어진 농민군은 다시 원래의 자리인 농민, 노동자로 되돌아갔지만 이들 마음속에는 반일 정신이 강하게 자리 잡게 되었어. 그래서 일부는 반봉건·반외세 투쟁을 이어

갔고, 또 일부는 다음 장에 나올 항일 의병에 가담해 일본과 무장 투쟁을 벌였지. 한편 전봉준 등 동학 지도자들은 모두 처형당했지만 손병희는 살아남아 교단을 수습하고 동학의 이름을 천도교로 바꾼 후 국권 회복을 위한 교육 사업에 몰두했어. 이후 1919년에는 민족 대표 33인 중 한 명이 되어 3·1 운동을 준비하고 이끌게 되지. 3·1 운동이 일어나자 반일 정신을 품고 살던 농민들은 동학 농민 운동 때만큼이나 3·1 운동에 적극적으로 참여하게 된단다.

　마지막으로 늘 역사의 엑스트라였던 농민들은 동학 농민 운동을 통해 주연으로 등장하게 돼. 이전까지 농민들은 부당한 일이 있으면 관아에 하소연하는 게 전부였어. 그러나 왕도 지방관도 농민들의 이야기를 제대로 들어 주지 않았지. 결국 농민들은 자신들의 문제를 스스로 해결하기 위해 조선 후기 여러 민란과 동학 농민 운동을 일으켰고, 그 과정에서 스스로 성장했어. 특히 전주 화약 이후에는 집강소를 통해 고을을 다스리는 일에 참여하면서 늘 지배만 받던 농민들은 정치 주체가 되었어. 지극히 평범한 사람, 사회 계층의 아랫부분에 있는 사람들이 세상을 바꾸는 일에 적극적으로 참여하는 일은 동학 농민 운동을 시작으로 우리 역사에 계속 등장하게 되지.

일본 침략 참지 않아,

항일 의병

청일 전쟁에서 승리한 일본은 조선 내정에 간섭하면서 조선을
식민지로 만들기 위한 단계를 차근차근 밟아 나갔어. 일본은 더
이상 조선 침략 야욕을 감추지 않았지.

이런 상황에서 조선 사람들이 가만히 있었겠어? 300년 전 임진
왜란의 기억을 떠올려 다시 일본으로부터 나라를 지키려고 의병
을 일으켰지. 이래서 역사는 반복된다고 하나 봐.

이때 활동한 의병들을 대한 제국(고종은 1897년에 나라 이름을 '조선'에
서 '대한 제국'으로 바꾸었음.) 말기 의병이라고 해서 '한말 의병' 또는
일본에 맞서 싸웠다고 해서 '항일 의병'이라고 불러. 대한 제국이
망한 이후에도 활동한 의병들이 있으니 여기서는 '항일 의병'이
라고 부를게.

항일 의병은 항일 무장 투쟁의 뿌리가 되어 독립군으로 이어졌
어. 독립군은 다시 대한민국 임시 정부의 군대인 광복군으로 이
어져 갔지.

명성 황후 시해 사건과 을미의병

항일 의병은 보통 을미의병, 을사의병, 정미의병 이렇게 세 시기로 구분해. 을미의병은 을미년, 즉 1895년에 일어난 의병이고, 을사의병은 을사년인 1905년에, 마지막으로 정미의병은 1907년 정미년에 일어난 의병이야.

의병은 나라가 외침으로 위급할 때 국민들이 자발적으로 조직하는 군대잖아. 을미년, 을사년, 정미년에 우리나라는 어떤 위기를 맞았기에 의병이 일어났던 걸까?

을미년에는 조선 왕비가 궁궐 안에서 일본인 손에 살해당하는 끔찍한 사건이 벌어졌어. 바로 명성 황후 시해 사건이라고 불리는 을미사변이지.

동학 농민 운동 때 농민군이 스스로 해산한 후에도 조선을 떠나지 않고 있던 일본군이 경복궁을 습격해서 친일 내각을 세웠잖아. 위기를 느낀 고종과 명성 황후는 러시아와 미국을 이용해 일본을 막아 보려 했어. 친일 관리들을 내쫓고 친러, 친미 관리들을 적극 기용했지. 이에 일본은 고종의 가장 큰 조력자인 명성 황후를 제거해야겠다고 마음먹었어. 그래서 조선 담당 공사(국가를 대표하여 파견되는 높은 계급의 외교관)를 군인 출신인 미우라 고로로 바꾸고 을미사변을 준비했지. 1895년 10월 8일 새벽, 경복궁으로 쳐들어온 일본인 공사 일당은 조선 군인들과 궁녀들을 마구잡이로 죽이고 명성 황후를 찾아내 시해한 뒤 불태워 버렸어.

을미사변은 세계사에 전례가 없는 극악한 범죄였어. 온 나라 백성들은 물론 조선에 와 있던 외국인들도 일본을 비난하고 나섰지. 그중 가장 분노를 참을 수 없었던 사람들은 충효를 목숨처럼 여기던 유생들이었어. 을미의병은 유생들이 의병을 일으키며 시작돼. 이 와중에 친일 내각은 단발령을 실시하는데 이는 을미의병에 기름을 붓는 꼴이 되었어. 단발령은 상투를 자르고 서양식 짧은 머리를 하라는 명령이야. 알다시피 조선은 유교의 나라잖아. 유교에서는 신체는 부모가 주신 것이니 손상시키지 않는 게 효의 시작이라고 가르친단 말이야. 그런데 갑자기 머리카락을 자르라니! 유생들은 물론이고 일반 백성들도

반발이 아주 심했어. 더구나 명성
황후가 일본인 손에 죽은 마당에 친일
내각이 실시하는 단발령을 받아들일 리가 있겠
어? 단발령을 계기로 을미의병은 전국으로 확산됐어.
　각 지역의 명망 있는 유생들이 주도해 의병을 일으
켰어. 의병들은 일본에 협력하는 관리들을 처단하고,
일본군 주둔지를 공격했지. 전국적인 의병 봉기에 놀
란 친일 내각은 관군과 일본군을 보내 의병 진압을 서
둘렀어. 무기도 변변찮고 제대로 훈련도 받지 못한 의
병들은 관군의 공격에 무너질 수밖에 없었지. 하지만
일본과 친일 내각이 의병 진압에 정신이 팔린 사이 고
종은 러시아 공사관으로 몸을 피할 수 있었단다. 이
사건이 아관파천(1896년)이야. 아관파천으로 친일 내각
은 무너지고 친러 내각이 들어섰지. 친러 내각은 단발
령을 철회하고 의병 해산을 권고했어. 이에 따라 을미
의병은 점차 사그라들었어.
　해산한 의병들은 고향으로 돌아갔지만 항일 정신을

마음속에 품고 있었어. 이들은 후에 을사의병, 정미의병으로 다시 등장하게 돼.

을사조약과 을사의병

을미사변이 일어나고 10년 뒤 더 충격적인 사건이 발생해. 왕비가 외국인에게 살해당하는 사건보다 더 끔찍한 사건이 뭘 것 같아? 딱 하나 있지. 나라를 잃는 거. 사실 나라를 완전히 잃는 것은 1910년 국권 피탈('경술국치'라고도 함.)이지만 1905년 을사조약 체결은 외교권을 빼앗아 대한 제국을 빈껍데기 나라로 만들었어. 나라를 잃은 것이나 다름없었지. 을사조약의 충격이 얼마나 컸던지 오히려 국권 피탈은 조용히 지나갔다고 할 정도였다니까. 많은 사람들이 분노와 상실감을 주체하지 못해 몸부림쳤어.

청일 전쟁에서 승리한 일본은 조선에 대한 주도권을 확실히 쥐었다고 생각했어. 하지만 을미의병을 틈타 일어난 아관파천으로 러시아 세력이 영향력을 키우면서 일본의 계획은 꼬이게 되지.

하지만 여기서 포기할 일본이 아니야. 그동안 얼마나 치밀하게 조선 침략을 준비해 왔다고. 일본은 곧 러일 전쟁(1904~1905년)을 일으켜 승리를 거두고는 러시아 세력을 대한 제국에서 몰아냈어.

이제 일본 앞을 막을 장애물은 없었어. 다른 서양 국가들이 간섭할 것을 대비해 미리 손을 써 두었지. 1905년 11월 일본에서 이토 히로부미가 도착했어. 이토 히로부미는 일본 총리를 여러 번 맡았던 거물 정치인으로, 일본의 조선 침략을 주도한 인물이었어. 그는 고종을 만나 을사조약 승인을 요구했어. 을사조약의 내용은 대한 제국의 외교권을 박탈하고 통감부를 두어 일본이 대한 제국 내정을 감독한다는 거였어. 이런 조약을 어떻게 승인할 수 있겠어. 고종은 여러 차례 거부 의사를 밝혔고, 이토 히로부미는 고종 대신에 주요 대신들을 설득하려 했으나 쉽지 않았어. 결국 이토 히로부미는 궁궐 안팎과 회의장에 일본군을 배치한 후 대신들을 겁박했어. 다수결로 조약 체결을 결정하자고 몰아세웠지. 8명의 대신 중 5명이 끝내 찬성했고 을사조약은 맺어지고 말았어. 을사조약은 을사늑약이라고도 하는데 '늑약'은 '억지로 맺은 조약'이라는 뜻이야. 을사조약은 조약 체결권자인 고종의 도장이 찍히지 않았고, 조약의 제목조차 없었어. 사실상 무효였지.

을사늑약으로 대한 제국은 일본의 보호국이 되었어. 이 굴욕감과 충격은 대한 제국을 뒤흔들었어. 민영환을 비롯한 많은 관리들은 울분을 참지 못하고 스스로 목숨을 끊었어. 을사늑약을 체결한 을사오적(박제순, 이지용, 이근택, 이완용, 권중현)을 처단하고 을사늑약을 무효화하자는 상소가 전국에서 빗발쳤지. 그리고 다시 전국적으로 의병이 일어났어. 이게 을사의병이야.

을사의병에는 을미의병 해산 이후 숨어 지내던 많은 의병들이 다시 등장했어. 그리고 을미의병 때 미처 참여하지 못했던 유생들도 가담했지.

을사의병 중 유명한 의병은 전라도의 태인 의병이야. 태인 의병은 최익현이 이끌었는데 최익현은 흥선 대원군 시절부터 나라에 위기가 있을 때마다 뼈를 때리는 상소를 올렸던 강직한 인물로 전국 유생들의 스타였어. 그는 을사늑약이 체결되자 곧바로 상소를 올려 격렬히 반대했지만 상소가 아무 의미가 없음을 깨닫고 곧 의병을 일으켰지. 유생 전체를 대표하는 최익현이 의병을 일으키자 그 영향력이 대단했어. 순식간에 수백 명으로 불어난 태인 의병은 정읍, 순창을 거쳐 남원까지 진출했지. 그러나 의병을 진압하러 온 관군을 맞닥뜨리게 되자,

최익현은 같은 동포끼리 싸울 수 없다 하여 태인 의병은 해산 하게 되었어. 최익현은 일본 대마도로 끌려가서 단식 투쟁을 하다 병에 걸려 사망했어.

을사의병 시기 눈여겨볼 의병장이 한 명 더 있는데 바로 신돌석이야. 을미의병부터 을사의병까지 의병장은 대부분 양반 유생이었어. 지역의 이름난 선비나 전직 관리가 자신의 가족, 제자들을 이끌고 의병을 일으키는 게 보통이었지. 하지만 신돌석은 중인 출신이었고 평민과 다를 바 없는 처지였다고 해. 신돌석은 어릴 때부터 항일 정신이 투철해 을미의병에도 참여했고, 을사늑약이 체결되자 경상도 영덕에서 의병을 일으켰어. 신돌석의 의병 부대는 주로 산악 지대를 다니며 유격전을 펼쳐 우리나라 지리에 어두운 일본군을 상대로 큰 전과를 올렸어. 이후 정미의병 때까지 꾸준히 항쟁을 펼쳐 나갔지.

정미의병과 의병 전쟁

을사늑약은 단순히 외교권 박탈만을 의미하는 게 아니라 대한 제국의 종말 선고였어. 사실상 일본의 식민지로 전락한 거

지. 고종은 을사늑약이 무효임을 알려 어떻게든 국권을 되찾아 오려 했어. 하지만 방법이 없었단다. 대한 제국 군대는 이미 축소될 대로 축소되어 힘이 없었고, 고종은 이름만 황제지 권한을 다 뺏겨 허수아비였거든.

마지막으로 남은 카드가 외교였어. 1907년 네덜란드 헤이그에서 만국 평화 회의가 열렸는데 고종은 이 회의를 이용해 보려 했어. 세계 여러 나라 대표들이 모이는 공식 회의에서 을사늑약의 강제성과 불법성을 밝히려 했던 거야. 그래서 이준, 이상설, 이위종 세 명의 특사를 네덜란드로 보냈어. 그러나 일본의 방해에 막혀 회의에 참여하지 못했고, 강대국들에 지원을 요청해 보기도 했으나 모두 거절당했지.

한편 고종이 특사를 몰래 헤이그에 보냈다는 사실이 알려지자 일본은 고종을 강제로 퇴위시켰어. 그 후 한일 신협약(정미7조약)을 강제로 체결해 대한 제국의 입법권, 행정권까지 빼앗아 내정을 완전히 장악했지. 그리고 대한 제국 군대를 해산시켜 버렸어. 무력을 사용할 수 있는 군대가 저항하면 골치 아프니까 미리 제거해 버린 거야.

우리나라 군대의 반응은 어땠을까? 당연히 참지 않았지. 서울의 대한 제국군은 일본군과 치열한 전투를 벌였어. 비록 일본군의 우세한 병력에 밀려 패배하고 말았지만 이 소식은 전국으로 퍼져 나갔어. 각 지방의 군인들이 연달아 봉기를 일으켰고 이후 의병에 합류하게 되지. 이렇게 정미의병이 시작되었어.

해산 군인들이 합류하면서 항일 의병은 을미의병, 을사의병 때와 비교도 할 수 없을 정도로 발전하게 돼. 우선 해산 군인들은 군사 지식이 풍부한 데다 신식 무기를 가지고 있어서 전력이 크게 상승했어. 또 해산 군인들이 전국 각지로 흩어져 의병을 일으키거나 기존 의병에 합류하면서 의병의 규모가 커졌고 활동 지역도 넓어졌지. 해산 군인이 의병장이 되면서 산포수, 광부, 농민의 의병 참여도 크게 늘어 의병 구성원이 다양해진 것도 눈여겨볼 점이야. 예를 들어 경기도에서 활약한 의병장 김수민은 동학 농민 운동에도 참여했던 농민 출신이란다. 또 함경도 산포수 홍범도는 동료 산포수와 광부들을 모아 의병으로 활약했어. 전라도의 안규홍은 머슴 출신으로 주변의 머슴, 소작농 등을 모아 의병 부대를 만들었지. 이런 이유로 정미의병을 을미, 을사의병과 다르게 '의병 전쟁'이라고 불러.

이렇게 되자 전국의 의병장들은 한데 모여 함께 싸우기로 하고 1907년 12월 경기도 양주에서 13도 창의군을 결성했어. 13도 창의군은 1만여 명에 달했는데 당대의 쟁쟁한 의병장들이 다수 참여했지. 이들은 서울로 진격해서 통감부를 공격한다는 서울 진공 작전을 세웠어. 13도 창의군의 선발 부대는 서울 동대문 근처까지 진출하는 데 성공하지만 일본군의 공격에 밀려 패퇴하고 말아. 결국 13도 창의군은 일본군의 막강한 반격, 부족한 병력 등의 이유로 서울 진공 작전을 포기하고 흩어져 다시 개별적으로 활동하게 되었지.

비록 실패했지만 서울 진공 작전은 일본의 간담을 서늘하게

했어. 그래서 일본군은 의병 근거지를 하나둘 진압해 가기 시
작해. 1909년 무렵에는 대부분 지역에서 의병이 진압당하고 전
라도 의병들만 남아 활동하고 있었지.

　전라도는 동학 농민 운동의 본거지였고, 한반도의 대표적인
곡창 지대라 일본의 경제적 수탈이 심해서 예전부터 반일 의식
이 강했어. 일본도 이를 알고 전라도 의병을 뿌리 뽑을 요량으
로 남한 대토벌 작전을 전개하게 되지. 일본은 육군 정예 부대
와 헌병, 해군 군함까지 동원해 전라도 지방을 포위한 채 의병
을 샅샅이 수색했어. 의병에게 식량을 주거나 숨겨 주는 마을
이 발견되면 마을 전체에 불을 지르고 주민을 학살하는 야만
적인 행위도 서슴지 않았단다. 이 때문에 의병들은 주민들의
도움을 받을 수 없었고, 수많은 의병들이 희생당했어.

　남한 대토벌 작전 이후 의병은 더 이상 국내에서 활동할 수

없었어. 1910년을 전후로 국내에서 의병은 찾아보기 어려워졌지. 살아남은 의병들은 대부분 국경을 넘어 만주와 연해주로 건너가 항일 투쟁을 지속했어.

의병은 어디로 갔나

정미의병이 남한 대토벌 작전으로 사그라들자 일본은 1910년 8월 29일, 대한 제국의 국권을 완전히 빼앗아 대한 제국을 일본의 식민지로 전락시켰어. 이후 살아남은 의병들은 두 가지 방식으로 항일 운동을 이어 가게 되었지. 첫째는 중국이나 러시아로 망명해 무장 독립 투쟁을 이어 가는 방법이고, 둘째는 국내에서 비밀 결사를 만들어 독립운동을 하는 방법이야.

국외로 망명해서 무장 독립 투쟁을 전개한 의병장은 안중근, 홍범도 등을 들 수 있어. 안중근은 1907년 러시아 연해주로 망명해 의병으로 활약하고 있었어. 안중근 부대는 1908년 말 일본군에 의해 많은 동료를 잃고 다시 의병을 일으키려 준비하고 있었지. 그러던 차에 안중근은 이토 히로부미가 만주에 온다는 소식을 듣게 되었어. 이토 히로부미가 누구지? 바로 을사늑약의 주범이자 한국 침략의 원흉이잖아. 안중근은 이토 히로부미가 철도로 이동한다는 정보를 입수하고 하얼빈역에서 총을 쏘아 사살했어. 안중근은 재판에서 자신은 대한 제국 의병 참모중장으로 적국의 정치인인 이토 히로부미를 죽인 것은 당연한 일이라고 당당히 밝혔지. 안중근의 하얼빈 의거는 이후의 독립 운동에 큰 영향을 끼쳤어.

홍범도는 함경도 산포수였는데 명사수로 유명했어. 을미의병 때부터 동료 포수들과 의병 활동을 했고, 정미의병 때는 500여 명에 달하는 의병 부대를 이끌며 맹활약했어. 하지만 일본군의 의병 토벌이 시작되면서 국내 활동이 어렵게 되자 러시아 연해주로 향하게 되지. 연해주에서 홍범도는 독립운동을 이어 나갔는데 이마저 어려워지자 다시 중국으로 넘어가 독립 전쟁을 준비하게 돼. 국내에서 3·1 운동이 일어나자 홍범도는 대한 독립군 사령관이 되어 독립 전쟁에 뛰어들었단다. 그리하여 홍범도와 독립군 연합 부대는 1920년 만주에서 일본군을 두 번이나 크게 무찌르는데 바로 봉오동 전투와 청산리 전투야.

한편 국권 피탈 이후 국내에 남은 의병들은 주로 비밀 결사를 통한 활동을 했어. 왜 '비밀' 결사냐면 일본이 1907년부터 단체를 만들거나 집회를 하는 것을 막았기 때문이야. 대표적인

비밀 결사에는 대한 독립 의군부, 대한 광복회 등이 있어. 대한
독립 의군부는 군자금을 모아 일본군과의 전투를 준비하려 했
어. 대한 광복회는 만주에 군관 학교를 세워서 독립군을 양성
하려고 했지. 그러나 대부분의 비밀 결사들은 일본에 의해 발
각돼 목표를 이루지 못했어.

　항일 의병은 결국 나라를 지키는 데 실패했어. 그러나 한국

독립운동의 시작점이자 한국 독립운동의 정신이 되었지. 앞에서 살펴본 안중근, 홍범도처럼 의병들은 대부분 독립운동가가 되었거든. 그리고 이기고 지는 것, 유리하고 불리한 것을 따지지 않고 죽음을 각오하고 나라를 지키기 위해 싸우는 의병 정신은 이후 전개된 수많은 독립운동에 그대로 계승되었어. 무엇보다 항일 의병은 항일 무장 투쟁의 뿌리가 되었다는 점에서 의의가 커. 항일 의병에 참여했던 사람들이 독립군이 되었고, 독립군은 다시 임시 정부의 군대인 광복군으로 이어졌지. 오늘날 대한민국 국군의 뿌리도 독립군과 광복군에서 찾고 있어.

3·1 운동

3·1절을 모르는 친구는 없을 거야. 하지만 3·1 운동의 의미를 생각해 보고, 우리 민족의 독립 정신을 기리는 모범적인 3·1절을 보내 본 친구는 많지 않을 거야. 그날은 새 학년 새 학기 시작 바로 전날이니까 대부분 긴장된 마음으로 개학 전 마지막 휴일을 보내다 밤잠을 설치고 다음 날 학교에 가게 되겠지. 학교에서도 입학식, 시업식 등을 하느라 3·1절 기념 행사나 3·1 운동 공부를 따로 하지는 못하는 경우가 많은 것 같아. 물론 교과서에서 3·1 운동을 한두 쪽 정도로 배우지만 그걸로는 너무 부족해.

3·1 운동이 얼마나 대단하냐면, 우리나라 최고 법인 헌법 알지? 헌법 첫머리에 3·1 운동이 나온다니까. "유구한 역사와 전통에 빛나는 우리 대한국민은 3·1 운동으로 건립된 대한민국 임시 정부의 법통과 불의에 항거한 4·19 민주 이념을 계승하고…" 이게 바로 우리나라 헌법의 첫 구절이야. 헌법은 대한민국 정부가 수립된 이후 9번 바뀌었는데 그동안 3·1 운동이 빠진 적은 단 한 번도 없었어. 세월이 흘러 강산이 변하고, 정권이 바뀌어도 대한민국 사람이라면 3·1 운동의 가치와 정신을 부정할 수 없다는 뜻이지. 이번 장에서는 이 위대한 3·1 운동을 이야기해 볼게.

왜 1919년 3월 1일이었을까?

1919년 3월 1일에 일어난 사건이라서 3·1 운동이라고 하는 거잖아. 왜 하필 1919년 3월 1일이었을까?

1919년은 일본으로부터 나라를 빼앗긴 지 10년이 되는 해였어. 10년 동안 우리 민족은 나라 잃은 설움을 톡톡히 겪어야만 했지. 얼마나 지독했던지 눈물 없이는 들을 수가 없어.

이 시기를 '무단 통치' 시대라고 하는데 무력을 써서 강제로 통치했기 때문에 이런 이름이 붙었어. 교사들도 제복을 입고 칼을 차고 다니던 험악한 시절이었지. 일본은 경찰 업무를 군인에게 맡기는 헌병 경찰 제도를 도입해서 조선인들을 군대식으로 감시하고 폭력으로 억눌렀어.

헌병 경찰에게는 웬만한 사건은 재판 없이 곧바로 처벌할 수 있는 특별 권한이 주어졌지. 헌병 경찰은 이를 이용해 자기 눈에 조금이라도 거슬리는 조선인이 있으면 감옥에 처넣거나 벌금을 물리거나 매를 때렸어. 특히 매를 때리는 형벌을 태형이라고 하는데 많은 조선인들을 두려움에 떨게 했지. 태형을 당하면 다 나을 때까지 일을 할 수 없는 데다가 후유증이 심해 죽거나 불구가 되기 십상이었거든. 조선인들은 언제 무슨 일로 매를 맞을지 몰라 늘 긴장 속에 살아야 했어. 또 헌병 경찰들은 의병을 수색한다면서 마을을 돌아다녔는데 의병의 종적을 묻고는 답하지 못하면 마을 사람들을 마구 죽이고 불을 지르는 악랄한 짓을 저질렀단다.

여기에 경제적 어려움이 더해졌어. 일본은 토지 조사 사업을 실시해서 수많은 땅을 빼앗아 갔어. 땅을 빼앗긴 농민들은 노동자가 될 수밖에 없었고, 노동자의 삶은 더 처량했지. 식사, 숙소, 작업복 등 일하는 데 꼭 필요한 비용까지 전부 노동자에게 내라고 했기 때문에 돈을 벌기보다는 빚만 늘기 십상이었고, 똑같은 일을 해도 일본인의 절반 정도밖에 임금을 주지 않았거든.

이러는 와중에 1917년부터는 쌀값 폭등으로 민심은 터지기 일보 직전이 되었어. 일본은 자국 내 쌀값이 급격하게 오르자

우리나라에서 엄청난 양의 쌀을 빼앗아 가다시피 사 가서 우리 나라 쌀값까지 심각하게 올려 버렸어. 오죽하면 "사람 죽이는 쌀값"이라는 소리가 나올 정도였다니까. 쌀값이 오르면 정해 진 월급을 받고 사는 노동자들에게는 정말 치명적이야. 그래서 1918년에는 노동자 파업이 많이 일어났고 곳곳에서 쌀 소동도 벌어졌지.

이렇게 우리 민족은 일본의 강압적이고 비인간적인 통치에 짓밟히면서 '더 이상 참을 수 없다.'라는 마음이 강하게 자리 잡게 되었어. 여기까지만 읽어 봐도 3·1 운동이 언제 일어나도 이상하지 않겠다는 생각이 들지? 때마침 급박하게 돌아가는 국외의 상황은 3·1 운동의 방아쇠를 당겨 주었단다.

국외 상황

3·1 운동이 일어나기 전 국외 상황이 어땠는지 살펴볼까? 일 단 1917년에 러시아 혁명이 일어났고, 러시아 지도자 레닌은

식민지 민족들의 해방 운동을 지원하
겠다고 발표했어. 뒤이어 1918
년에는 미국 대통령 윌슨이
'민족 자결주의' 원칙을 내
놓았지. 민족 자결주의란 모
든 영토와 주권은 각 민족에게 속
해야 하며 정치적 운명은 각 민족의 의
사에 따라 결정되어야 한다는 주장이야. 이
러한 발표는 우리를 비롯한 많은 식민지 민족
들에게 큰 희망을 주었어.

한편 당시 국외에는 많은 독립운동가들이 일
본의 억압을 피해 망명해 있었어. 이들은 이러
한 국제 정세를 읽고 발 빠르게 움직이기 시작
했지. 중국으로 망명한 독립운동가들은 한국
의 독립 의지를 보여 주고자 김규식을 민족 대
표로 파리 강화 회의(제1차 세계 대전이
끝난 뒤 전쟁의 뒤처리를 의논한 회의)에 보
냈어. 이러한 정세는 일본에서 유학
하고 있던 우리나라 학생들에게도 큰

자극을 주었어. 유학생들은 비밀리에 독립 선언서를 작성하고 한국으로 요원을 몰래 보내 국내에서도 독립운동을 일으키고자 준비했어. 마침내 유학생들은 1919년 2월 8일 일본 도쿄에서 독립 선언서를 낭독하고 독립 만세를 외쳤어. 이게 바로 2·8 독립 선언이야. 2·8 독립 선언은 3·1 운동으로 이어지게 돼.

3·1 운동의 시작

3·1 운동 하면 누가 떠올라? 민족 대표 33인과 유관순 열사가 떠오르는 친구가 많을 거야. 민족 대표 33인은 종교계 지도자들이고, 유관순 열사는 학생이었지. 3·1 운동은 종교계와 학생들이 먼저 시작했는데 이들이 나서게 된 이유는 국내에 남아 있는 유일한 조직이 종교 단체와 학교뿐이었기 때문이야. 일본은 무단 통치 시기에 집회, 언론, 출판의 자유를 모조리 빼앗았거든. 심지어 친일 단체인 일진회까지 해산시켰으니 말 다 했지 뭐.

앞에서 2·8 독립 선언을 주도한 일본 유학생들이 몰래 국내로 들어와 독립운동을 준비했다고 했잖아. 이들은 천도교 지도자들을 만나 독립 선언서를 보여 주고 3·1 운동의 구체적인 계획을 세우기 시작했어.

마침 천도교도 몇 년 전부터 동학 농민 운동의 정신을 이어받아 독립운동을 해야겠다고 생각하고 있었단 말이야. 하지만 독립운동을 단독으로 하는 것은 힘들다고 생각하고 기독교, 불교 등 다른 종교와 함께 추진하려 했지. 그래서 독립운동을 비폭력으로 할 것(비폭력), 많은 사람들에게 널리 퍼지게 할 것(대중화), 하나가 되어 할 것(일원화)으로 3대 원칙을 세우고 기독교와 불교 지도자를 만나 함께하기로 약속했어. 그리고 국내 학생들을 만나 함께 독립운동을 하자고 제안했지. 기독교계와 학생들도 이미 몇 달 전부터 독립운동을 준비하고 있었기 때문에 계획은 급속히 추진되었단다. 이들은 독립 선언서를 작성하고 천도교, 기독교, 불교 지도자 33명의 서명을 받아 수만 장을 인쇄해서 전국 각지로 미리 보냈어.

당시 국내에서는 건강하던 고종이 1919년 1월 21일, 갑자기 서거하면서 일본에 대한 저항 의식이 더욱 고조되어 있었어. 3·1 운동 지도부는 이를 이용해 고종의 장례식날인 3월 3일 무렵인 3월 1일로 거사일을 정했지. 장례식에 참석하기 위해 전국에서 사람들이 서울로 모여들 테니까. 이 모든 일은 일본군과 경찰이 전혀 눈치채지 못할 만큼 비밀리에 진행되었단다.

드디어 거사일인 1919년 3월 1일 오후 2시, 서울에 있는 태

화관이라는 요릿집에 모인 민족 대표들은 독립 선언식을 한 후 조선 총독부에 전화를 걸어 이 사실을 통보했어. 그리고 일본 경찰에 붙잡혀 갔지. 원래는 서울 탑골 공원에서 민족 대표들과 학생들이 함께 독립 만세를 외치려는 계획이었는데 시위가 과격해져서 여러 사람이 다칠 것을 우려해 민족 대표들끼리 따로 독립 선언식을 했대.

오후 2시가 넘어도 민족 대표들이 나타나지 않자 탑골 공원에서는 당시 경신 학교 학생 정재용이 단상에 올라가 독립 선언서를 낭독했고 학생들은 다 함께 "대한 독립 만세"를 외친 후 거리로 나갔어. 이 과정에서 수만 명의 군중이 합세해 시위 행진을 함께했지. 이렇게 3·1 운동이 시작되었어.

석 달간 전국에서 매일 외친
대한 독립 만세

3·1 운동이 3월 1일에만 벌어지고 끝났을까? 아니야. 만세 시위는 전국 방방곡곡, 국외까지 퍼지며 5월까지 이어졌어. 만세 시위가 절정에 달했던 4월 1일에는 하루에만 67회 시위가

일어났지.

　3월 1일에 만세 시위를 처음 벌인 곳은 서울만이 아니었어. 평양, 진남포, 안주, 의주, 선천, 원산 등 북부 지방에서도 만세 시위가 벌어졌지. 다음 날인 2일에는 개성, 3일에는 충청남도 예산, 4일에는 전라북도 옥구, 8일에는 대구, 10일에는 광주와 강원도 철원, 함경북도 성진, 11일에는 부산, 19일에는 충청북도 괴산으로 번져 갔어. 마지막으로 21일 제주도에서 만세 시위가 벌어지면서 전국에 만세 소리가 안 들리는 곳은 없게 되었지. 전국 232개 행정 구역 중 218개에서 만세 시위가 일어났다고 해. 어느새 3·1 운동은 한국 역사상 최대의 민족 운동이 되어 있었단다. 국내의 거센 시위 물결은 국외까지 퍼져 만주, 연해주, 미국, 일본에서도 동포들이 만세 시위를 벌였어. 이렇게 시위에 참여한 사람들의 숫자를 헤아려 보면 200만 명 이상, 시위 횟수는 2천 회가 넘을 것으로 추산된대.

　시위의 모습도 아주 다양했어. 상인들은 상점 문을 닫고 만세 운동에 참여했고, 노동자들은 파업을 하고, 학생들은 등교를 거부한 채 시위에 나섰지. 농촌에서는 주로 장날을 이용해 만세 시위를 벌였고, 밤에 산에 봉화를 피우는 봉화 시위도 많았어. 지역과 지역이 태극기를 이어받으며 릴레이 시위를 하기

도 했고, 일본에 의해 희생당한 사람들의 상여를 메고 행한 상여 시위도 있었지.

시위에는 남녀노소, 빈부귀천을 가리지 않고 다양한 사람이 참여했어. 어린이 시위, 기생 시위, 걸인 시위도 있었단다. 3·1 운동에 참여하는 데에는 성별, 나이, 신분, 종교, 이념 그 어떤 것도 문제가 되지 않았어. 모두가 독립을 최고의 가치로 여기고 마음을 모았지. 시위에 참여한 사람들은 우리가 한 민족임을 마음 깊이 느꼈어.

하지만 일본이 시위대를 그냥 두지 않았겠지? 태극기를 들고 "대한 독립 만세"를 외치는 평화로운 시위대를 일본은 군대를 동원해서 무지막지하게 탄압했어. 총과 칼을 휘둘러 수많은 사람들이 다치고 죽었지. 민가와 교회, 학교에 불을 질러 시위에 참여하지 않은 사람도 무차별적으로 희생당했어.

대표적인 사건이 1919년 4월 15일에 벌어진 수원 제암리 학살이야. 일본군이 일부러 교회에 마을 사람들을 죄다 모이게 한 후에 총을 쏘고 불을 질러 29명을 학살한 아주 끔찍한 사건이었지. 석 달 넘게 이어진 3·1 운동의 전체 피해 규모는 사망자가 7,500여 명, 부상자가 1만 6천여 명, 검거된 사람이 4만 7천여 명 된다고 해. 만세 운동이 종료된 이후에도 일본군은 주동자를 찾는다며 고문과 검거 활동을 계속했으니까 아마 실제 피해 규모는 더 클 거야.

기미 이후

3·1 운동은 결과적으로 실패라고 봐야겠지. 조선의 독립을 가져오지 못했으니까. 그러나 '기미 이후(1919년은 기미년임.)'라는 말이 유행어처럼 쓰일 정도로 3·1 운동은 많은 것을 바꾸어 놓았어.

우선 우리 민족은 한마음 한뜻으로 독립을 원한다는 사실을 서로가 확인했고, 일본의 식민 지배를 눈곱만큼도 원하지 않는다는 것을 일본과 전 세계에 확실하게 보여 줬지.

이건 정말 중요한 부분이야. 우리 민족이 다 같이 독립을 원한다는 사실은 임시 정부를 수립하는 근거가 되어 주거든. 독립을 선언했으니 이제 뭐가 필요하겠어? 당연히 조선 총독부가 아닌 우리만의 정부지. 그래서 국내외에서 임시 정부 수립 운동을 하던 사람들이 뜻을 모아 1919년 4월 11일, 대한민국 임시 정부가 탄생하게 되었어. 3·1 운동이 대한민국 임시 정부를 낳았고, 지금의 대한민국 정부는 임시 정부를 계승했어. 이 사실은 대한민국 헌법 첫머리에 그대로 쓰여 있어. "유구한 역사와 전통에 빛나는 우리 대한국민은 3·1 운동으로 건립된 대한민국 임시 정부의 법통과 불의에 항거한 4·19 민주 이념을 계승하고"라고. 따라서 3·1 운동은 대한민국의 시작점인 거야.

또한 3·1 운동은 평범한 사람들의 힘을 발견한 사건이었어. 민족 대표 33인이 독립 선언서를 작성하고 운동의 큰 원칙을 제시해 주긴 했지만 3·1 운동을 기획하고 실행하고 퍼뜨린 것은 모두 평범한 사람들이 해낸 일이거든. 이를 통해 사람들은 독립운동이 특별한 사람만의 몫이 아님을 알게 되었어. 그래서 3·1 운동 이후에는 무엇이든 열심히 배우고 발전시켜서 독립을 앞당겨야겠다는 생각이 두루 퍼졌어. 이 덕분에 교육, 출판, 산업 활동 등이 활발해졌지.

3·1 운동은 일본에 큰 충격을 주었어. 무단 통치를 계속 밀어붙이다가는 수십 년 공들인 식민지를 잃겠다는 두려움에 휩싸였지. 일본은 3·1 운동 같은 일이 또 벌어질까 봐 늘 전전긍긍했단다. 그래서 '문화 통치'로 전략을 바꿨어. 조선의 문화와 관습을 존중하면서 통치하겠다는 거지. 일본은 우선 헌병 경찰과 태형을 없애고 보통 경찰제로 바꿨어. 한국인의 신문 발

행을 허가하고 출판, 집회의 자유도 어느 정도 보장했지. 부족한 학교 수도 늘리겠다고 약속했어. 이런 정책들은 일본이 우리 민족을 분열시키기 위한 위선에 불과했지만 통치 방식을 바꿀 정도로 3·1 운동이 위력적이었다는 걸 보여 주지.

무엇보다 3·1 운동은 우리 민족을 하나로 묶었다는 데 큰 의의가 있어. 3·1 운동은 시작부터 여러 종교가 힘을 합쳤고, 전국 방방곡곡에서 학생, 상인, 노동자, 농민 등 다양한 계층이 참여했어. 남자와 여자의 구별도 없었어. 구식 선비, 신교육을 받은 학생, 노인, 어린이, 거지와 기생, 민족주의를 좇는 사람, 사회주의를 좇는 사람 등 어떤 다름도 문제가 되지 않았지.

한국인들은 동학 농민 운동과 의병 전쟁을 통해 일본에 저항하면 어떻게 되는지를 똑똑히 알고 있었어. 그럼에도 3·1 운동에 참여했던 것은 그 어떤 가치보다 민족을 우위에 둔 거야. 이경험은 우리 민족이 같은 목표를 추구하며 함께 행동하는 전통을 만들게 되었고 이 전통은 이후의 독립운동들과 4·19 혁명, 6월 민주 항쟁, 2000년대 촛불 집회까지 이어지게 되었어.

학생들은 참지 않아,

광주 학생 독립운동

일본은 조선을 영원한 식민지로 만들기 위해 동화 정책을 추진했어. 콩쥐팥쥐, 신데렐라 같은 동화가 아니고, 조선인을 일본인과 같게 만들겠다는 뜻이야. 그래서 내선일체(조선과 일본은 한 몸이라는 뜻. 일제 강점기 일본이 한국인의 민족성을 말살하기 위해 사용한 구호) 운운하며 자신들의 식민 지배를 정당화했지.

하지만 일본은 동화 정책을 추진한다면서 실제로는 극심한 차별 정책을 펼쳤어. 똑같다면서 차별한다는 게 굉장한 모순이야. '뜨거운 아이스 아메리카노'처럼 말이야.

일본의 차별 정책을 잘 보여 주는 분야가 바로 교육이야. 일본은 한국인에게 제대로 된 교육 기회를 주지 않고 일본인과 철저하게 구분해 교육했어.

이런 차별을 우리 학생들이 참고만 있었을까? 아니지. 학생들은 힘을 모아 저항하기 시작했어. 그 정점에 있었던 사건이 광주 학생 독립운동이야.

식민지 차별 교육이 뿌린 씨앗

　일제 강점기 우리 학생들은 식민지 차별 교육 때문에 자유롭게 꿈꿀 수도, 배우고 싶은 것을 마음껏 배울 수도 없었어. 일본은 한국인이 많이 배우는 것을 원하지 않았거든. 한국인이 많이 배우면 일본을 무시하고 저항하게 될까 봐 그랬지. 식민지 교육 목표는 일본에 순종하며 시키는 대로 열심히 일하는 친일 한국인을 기르는 거였어.

　하지만 이런 형편없는 교육을 하는 학교조차도 수가 부족해서 학교에 못 다니는 아이들이 많았어. 3·1 운동 이후 일본은 학교를 크게 늘리겠다고 약속했지만, 약속은 지켜지지 않았지. 특히 고등 보통학교(현재의 중학교+고등학교)의 수는 심각하게 부족했어. 일본은 보통학교(현재의 초등학교) 수준의 공부면 한국인에게는 충분하다 여겼거든. 따라서 중등 교육을 받지 못하는 학생들이 많았고, 운 좋게 고등 보통학교를 졸업해도 대학을 가는 건 하늘의 별따기였지. 왜냐하면 당시 조선에 있는 대학이라고는 경성 제국 대학 딱 하나였고, 경성 제국 대학의 학생은 대부분 조선에 사는 일본인이었으니까. 한국인 입학생도 받기는 했지만 수가 적어서 대부분의 학생은 대학을 포기했어. 그러다 보니 실력 있고 우수한 학생들도 꿈을 펼치기가 아주 어려웠단다.

그나마 있는 학교조차 문제가 많았어. 일본인 교사 중에는 실력과 자질이 형편없는 사람도 많았는데 우리 학생들을 무시하며 모멸적으로 대했지. 학교 시설은 엉망이었고 늘 교실이 부족했어. 거기다 학생 모임과 집회도 금지해서 학생들이 모여서 의견을 나누거나 학교에 건의 사항을 말하는 것조차 힘들었어. 이러다 보니 학생들 마음속에는 자연스럽게 일본에 대한 저항심과 독립에 대한 열망이 커져 갔어.

그래서 1920년대 중반 이후 학생들은 비밀 조직을 만들어 함께 공부하고, 민족의식을 키워 갔어. 더불어 교내 시위와 동맹 휴학을 통해 일본의 식민지 차별 교육에 적극적으로 저항하기 시작했지. 이러던 중에 나주역 사건이 벌어지게 돼.

하교 후 통학 열차에서 벌어진 일

당시 광주 근교의 나주, 담양 등에서는 광주까지 열차를 타고 통학하는 학생들이 많았어. 중등학교가 워낙 적으니 어쩔수 없었지. 식민지 차별 교육으로 일본 학생들과 한국 학생들은 각기 다른 학교를 다녔지만 통학 열차에서는 만날 수밖에 없었어.

1929년 10월 30일 하교 후, 여느 때처럼 통학생들은 집에 가려고 나주역에서 막 내린 참이었어. 그런데 그때 일본인 학생몇 명이 한국인 여학생들을 밀치며 모욕을 준 거야. 그때 같이역에서 나오고 있던 한국인 남학생들이 이를 목격했고 곧 일본학생들과 한국 학생들의 싸움으로 번지게 되었어. 이때 출동한 일본 경찰은 일방적으로 일본인 학생 편을 들며 한국 학생들을 마구 나무랐어. 우리 학생들은 억울해서 가슴이 터질 지경이었지.

며칠 후 11월 3일은 일본의 메이지 유신 기념일이자, 음력 10월 3일이라 우리 민족에게는 개천절이었어. 학생들은 메이지 유신 기념식에 참여해야 했기 때문에 일요일인데도 등교했지. 우리 학생들은 기념식에서 일본 국가인 기미가요를 부르지 않았고, 이후에 있을 신사 참배(일본 사당인 신사에 절하는 것으로, 일제에 충성을 맹세한다는 의미)도 거부할 작정이었어. 그러던 참에 신사 참배를 마치고 돌아오던 일본인 학생들과 한국인 학생들이 맞닥뜨리게 된 거야. 결국 양국 학생들은 격렬하게 충돌했어.

우여곡절 끝에 싸움은 중단되고, 학생들은 학교로 돌아갔지만 분노를 참을 수 없었어. 다시 교문 밖으로 나와 거리 시위를 시작했지. 학생들은 교가와 운동가를 부르며 거리를 행진했고, 광주의 다른 학교 학생들도 함께 참여했어. 이렇게 광주 학생 독립운동이 시작되었어.

광주에서 시작해 전국에서 마치다

11월 3일 첫 거리 시위 이후 광주 학생들과 청년들은 앞날을 논의하기 위해 머리를 맞댔어. 한편 광주 학생들의 시위 소식을 들고 항일 운동 단체인 신간회를 비롯한 여러 단체가 광주 학생들을 지원하겠다고 나섰어. 이들은 광주의 학생 운동을 전국적인 민족 항쟁으로 발전시키자는 계획을 세우게 되지.

한편 경찰은 시위 주동자를 검거하기 시작했어. 그러나 광주 학생들은 아랑곳하지 않고 2차 시위를 비밀리에 준비했지. 11월 12일, 학생들은 거리로 함께 뛰쳐나가 격문을 뿌리고 "구속 학생 석방", "식민지 노예 교육 철폐"를 외쳤어. 이날 시위로 광주의 많은 중등학교 학생들이 붙잡혀 갔어.

2차 시위 후 광주 학교들은 무기한 휴교에 들어갔고 혹독한 감시 때문에 광주에서는 시위를 하기 힘들었어. 그래서 광주와 가까운 나주, 목포, 함평, 해남 등 전남 지방 학생들이 시위의 배턴을 이어받게 되었지. 전남 학생들은 태극기를 들고 "광주 학생 석방", "조선 독립 만세"를 외치며 시위를 이어 나갔어.

결국 학생 운동의 불씨는 12월 서울에까지 옮겨 붙었어. 서울의 거의 모든 중등학교 학생들이 참여했을 정도로 서울 시

위의 열기는 매우 뜨거웠지.
서울의 기세에 힘입어 학생
운동은 개성, 인천, 원산, 평
양, 함흥, 부산 등의 대도시로
번져 갔고 다시 중소 도시로 퍼져서
전국의 학생들이 동참했어.

　신간회는 학생들의 시위를 노동자와 농민도 함께하는 전국
적인 시위로 발전시키려고 했지만 일본에 발각되어 실패했지.
그러나 학생들은 여기에 굴하지 않고 겨울 방학을 지나 새 학
기에도 시위를 이어 갔단다. 이제 시위의 주된 구호는 "대한
독립 만세", "민족 해방 만세"가 되었어. 학생 운동이 독립운동
으로 진화한 거지. 식민지 차별 교육의 해결 방법은 결국 식민
지 해방이었기 때문에 학생 운동은 전국적인 독립운동으로 발
전할 수 있었어.

결국 학생들의 저항은 국외까
지 퍼져서 만주와 일본에 있
던 한국인 학생도 시위를
벌였어. 국외에서 활동하
는 독립운동가들에게도 큰

인상을 남겨서 독립운동의 새로운 방향을 찾으려는 움직임도 나타나게 되었지.

학생들의 힘

광주 학생 독립운동은 3·1 운동 이후 가장 큰 규모로 벌어진 항일 운동이야. 전국 320여 개 학교, 5만 4천여 명의 학생이 참여했는데, 당시 중등학교에 다니던 학생들의 60퍼센트에 해당하는 엄청난 숫자지. 비록 1930년 3월에 와서는 일본의 강력한 탄압으로 많은 학생들이 구속, 퇴학, 무기정학을 당하면서 기세가 꺾이지만 광주 학생 독립운동이 남긴 의미는 아주 커.

1920년대 중반에 들어서면 국내외 독립운동은 모두 침체기를 맞아. 국외에서는 대한민국 임시 정부와 무장 독립 투쟁 세력이 활동하고 있었지만 모두 일본의 탄압으로 크게 위축된 상태였어. 국내에서는 3·1 운동 이후로 물산 장려 운동, 민립 대학 설립 운동 등이 추진되었지만 이 역시 일본의 방해로 순탄치 않았지.

이렇게 어른들의 독립운동이 침체되어 있을 때 학생들의 적극적인 독립운동은 새로운 활력소가 되었어. 국내외 독립운동 가들은 학생들과 함께 독립운동을 할 계획을 세우거나 새로운 독립운동의 방법을 찾으려고 다시 기지개를 켰단다. 그리고 학교를 졸업한 학생들은 청년이 되어 1930년대 민족 운동을 이끌어 갔어.

광주 학생 독립운동에서 또 눈여겨볼 부분은 학생들이 온전한 주인공이라는 점이야. 물론 3·1 운동 때도 학생들이 중요한 역할을 했지만 광주 학생 독립운동은 처음부터 끝까지 학생들이 주도했다는 점이 달라. 광주 학생 독립운동은 식민지 차별 교육이라는 학생들의 문제를 학생들이 스스로 해결해 보고자 시작되었어. 시위는 학교 단위로 이루어졌고, 고등 보통학교, 실업학교, 전문학교는 물론 현재의 초등학교에 해당하는 보통학교 학생들까지 참여했어. 이 사실은 일본의 식민지 교육 정책이 완전히 실패했다는 것을 보여 주지.

이 이후에도 학생들은 정의롭지 못한 일이 생길 때마다 제일 앞에서 적극적으로 싸웠어. 해방 후에도 이 전통은 이어져서 4·19 혁명, 5·18 민주화 운동, 6월 민주 항쟁 등에서도 학생들의 용기 있는 모습을 찾아볼 수 있지.

민주주의, 사수하

4·19 혁명

앞서 동학 농민 운동을 동학 농민 혁명이라고도 부른다고 했잖아. '혁명'이란 단어가 정확히 무슨 뜻인지 알려 줄게.

혹시 산업 혁명, 프랑스 혁명 같은 단어를 들어 본 적 있어? 산업 혁명은 농업 중심 사회를 공업 중심 사회로 완전히 바꾸어 놓은 사건이고, 프랑스 혁명은 왕이 주인인 나라에서 국민이 주인인 나라로 프랑스의 정치 제도를 완전히 바꾸어 놓았지. 이렇게 혁명은 이전의 것을 깨뜨리고 완전히 새로운 것을 세우는 일을 말해.

우리 현대사에도 혁명이라는 단어가 등장해. 바로 1960년의 4·19 혁명인데, 우리나라 민주화 운동의 시작점이 되었어. 부마 민주 항쟁, 5·18 민주화 운동, 6월 민주 항쟁은 모두 4·19 혁명의 영향을 받았지. 2023년에는 4·19 혁명 기록물이 세계사적 가치를 인정받아 유네스코 세계 기록 유산에 등재되기도 했어.

4·19 혁명은 무엇을 깨뜨리고 무엇을 완전히 새롭게 세웠을까? 그리고 대한민국 정부가 수립된 지 12년, 6·25 전쟁이 끝난 지는 겨우 7년 밖에 안된 때에 어떻게 민주주의 시민 혁명을 성공시킬 수 있었을까?

2·28 대구와 3·15 마산

1960년 2월에는 선거 유세가 한창이었어. 3월 15일에 대통령과 부통령을 뽑는 정부통령 선거가 있었거든. 당시 대통령은 이승만이었는데 이승만은 초대, 2대 대통령을 거쳐 3대째 대통령을 하고 있었지. 이승만은 헌법을 여러 번 억지로 고쳐 독재 정치를 이어 나가고 있던 터라 이번 선거에서도 이기기 위해 온갖 무리수를 두었어. 그 과정에서 2·28 민주 운동과 3·15 부정 선거가 일어났고 이 사건들이 4·19 혁명을 당기는 방아쇠가 되었지.

2·28 민주 운동은 2·28 대구 학생 시위라고도 부르는데 이름에서 알 수 있다시피 대구 고등학생들이 주축이 되어 일으킨 민주화 운동이야.

2월 28일은 일요일로, 야당인 민주당의 대구 선거 유세가 있는 날이었어. 하지만 일요일인데도 대구의 고등학교들은 온갖 이상한 핑계를 대며 학생들을 등교시켰지. 이승만 정부가 민주당 유세에 사람들이 모이는 것을 막으려고 수를 쓴 거야.

대구의 고등학생들은 학생들을 정치에 이용하는 것과 민주주의가 망가져 가는 것에 분개해서 거리로 뛰어나갔어. 1,500여 명의 학생들은 경찰과 충돌해 가며 오후까지 정부의 부당한 선거 개입에 반대하는 시위를 벌였단다. 결국 경찰에 의해서 강제 해산되었지만 2·28 민주 운동은 대한민국 최초의 민주화 운동이라는 데 큰 의의가 있어.

이날 이후 3·15 선거 직전까지 공정 선거를 외치는 시위는 전국 각지에서 끊이지 않았어. 그러나 이런 외침에도 불구하고 3·15 정부통령 선거는 단군 이래 최악의 부정 선거가 되었어. 억지로 헌법을 고쳐서 나간 세 번째 대통령 선거에서 이승만은 당선은 됐지만 결과가 만족스럽지 않았어. 생각보다 받은 표도 적었고, 부통령은 야당 후보가 당선됐거든. 그래서 이번 선거는 확실하게 이기려고 온갖 비리를 저질렀지.

선거 전에는 기업과 은행으로부터 빼앗아 마련한 자금으로 유권자들에게 고무신, 막걸리 등을 뿌려 댔어. 2·28 대구 때처럼 민주당 유세를 방해하는 일도 잦았지. 더 기가 막힌 건 선거 당일이었는데, 일단 투표함에 미리 여당인 자유당의 표를 40퍼센트 정도 넣어 두었어. 그리고 3~5인조로 공개 투표를 하게 했지. 원래 투표는 기표소에 한 명씩 들어가서 비밀이 유지된 채로 하는 거잖아. 근데 이때는 3인, 5인이 조를 짜고 투표한 결과를 조장에게 보여 줬다니까. 개표할 때도 일부러 정전을 시켜 투표함을 바꿔치기하고 개표 사무원 손에 인주를 묻혀 무효표를 만들기까지 했어. 어찌나 열심히 조작을 했던지 어떤 지역에서는 자유당의 득표수가 주민 수보다 더 많은, 우스운 일까지 발생했어.

사람들은 더 이상 참을 수가 없었어. 국민을 바보 취급하고 민주주의를 짓밟는 이승만 정부를 두고 볼 수 없었던 거야. 시위는 3월 15일 선거 당일 광주, 마산 등에서 시작되었는데 특히 마산이 격렬했어. 마산의 민주당 참관인은 선거가 이상하다는 느낌을 받고는 자유당 참관인과 옥신각신한 끝에 투표함을 엎어 버렸어. 그 속에서 자유당 표가 쏟아져 나왔지. 이 사실이 알려지자 마산 사람들은 투표가 무의미하다고 생각하고 거리로 나와 시위를 시작했어.

경찰의 폭행으로 사람들이 다치고 시위대는 흩어졌지만 마산 시민들은 개표가 시작되는 저녁에 다시 모여 시위를 이어

갔어. 수천 명의 사람들이 거리로 쏟아져 나오자 경찰은 시위대를 향해 총을 쐈어. 이 일로 8명이 죽고 80여 명이 부상을 입었어.

마산 시위에 참여한 사람 중에는 고등학교 신입생이었던 김주열도 있었는데 이날 시위로 행방불명이 되었어. 가족들이 애타게 찾았지만 한 달이 다 되도록 소식을 알 수가 없었지.

그런데 이 학생의 시신이 4월 11일, 마산 앞바다에서 낚시하던 어부에 의해 발견됐어. 김주열은 시위 때 경찰이 쏜 최루탄을 맞고 죽었는데 이 사실을 감추고 싶었던 경찰이 김주열의 시신을 그대로 바다에 버렸던 거지.

최루탄은 화학 무기인데, 최루탄이 터지면 독한 가스가 퍼지면서 눈물, 콧물이 나고 호흡이 힘들어지기 때문에 시위대를 쫓아 버리는 데 자주 사용됐어. 하지만 최루탄을 잘못 쏘면 사람이 직격으로 맞거나 파편에 다칠 수 있어서 매우 위험했지. 불행히도 김주열은 최루탄에 얼굴을 직격으로 맞아 사망한 거였어.

이 소식이 알려지고 사람들이 얼마나 화가 났을지 알 만하지? 전국이 들끓었고 여러 도시에서 시위가 벌어졌어.

전국으로 퍼진 시위

여기저기서 산발적으로 벌어지던 시위가 확 커진 것은 4월
18일 고려 대학교 시위부터야. 당시에는 학생들이 모이기만 해
도 경찰이나 정치 깡패들이 시비를 걸며 해산시켰기 때문에 고
려 대학교는 신입생 환영회를 이용했어. 신입생 환영회를 핑계
로 모인 학생들이 거리로 나가 시위를 벌인 거야.

학생들은 "민주주의를 지키자.", "재선거 실시하라."는 구호
로 평화롭게 시위를 하고 학교로 돌아가려고 했어. 그런데 돌
아가던 학생들을 정치 깡패들이 습격했어. 깡패들에게 맞아서
쓰러진 학생들의 사진이 신문에 그대로 보도되었고, 나라를 이
끌 미래인 고등학생과 대학생들의 연이은 희생에 사람들은 크
게 분노했어.

그래서 다음 날인 4월 19일에는 서울, 부산, 광주, 인천, 대
전, 대구, 전주, 청주, 제주까지 전국에서 시위가 벌어졌어. 우
리가 이 사건을 4·19 혁명이라고 부르는 이유지.

서울 시내 대부분의 대학교, 고등학교, 중학교 학생들이 학
교에서 빠져나와 시위대에 합류했고, 시간이 지날수록 일반 시
민들까지 가세해 10만 명에 가까운 사람들이 이승만이 있는

경무대로 향했어. 당황한 경찰은 시민들을 향해 총을 쐈고, 부산과 광주에서도 경찰이 발포했어. 이날 전국에서 115명이 사망했지. 그런데도 이승만 정부는 시위대가 공산당의 지시를 받고 있다는 둥 모함을 하며 사람들의 저항을 외면했어.

그러는 사이 크고 작은 시위가 끊이지 않고 벌어졌고 이승만 정부는 제대로 된 해결책을 제시하지 못한 채 권력에 미련을

두며 뭉그적댔어.

이런 답답한 상황에 마침표를 찍은 것은 4월 25일의 교수단 시위였어. 교수들은 민주주의가 망가지고 어린 제자들이 총에 맞아 희생당하는 모습을 보고 지식인으로서 책임감을 크게 느꼈어. 그래서 시국 선언문을 발표하고 거리 행진을 시작했어. 교수단의 행진을 학생들과 시민들이 뒤따르면서 순식간에 시위대가 불어났지. 이 열기는 다음 날까지 계속되어서 서울 거리에는 10만여 명의 시민들이 나와 시위를 했고 초등학생과 노인들도 참여했어.

결국 이승만은 4월 26일 오전 대통령직에서 물러나겠다고 발표할 수밖에 없었어.

대한민국 민주주의의 첫 승리

4·19 혁명 이야기를 시작할 때 '혁명'이라는 단어의 뜻을 살펴보았잖아. 혁명은 이전의 것을 깨뜨리고 완전히 새로운 것을 세우는 것이라고 했었지. 4·19 혁명은 무엇을 깨뜨리고 무엇을 새롭게 세웠을까?

4·19 혁명은 부패한 정권을 깨뜨렸어. 그리고 망가진 민주주의를 일으켜 세웠지. 이를 통해 국가의 주권은 국민에게 있다는 사실을 똑똑히 보여 주었어.

그 이전까지 우리 역사에는 보통 사람들이 정치에 참여해 정권을 쓰러뜨린 일이 없었어. 조선과 대한 제국은 전제 군주의 나라였고, 일제 강점기 일본은 식민지 조선인들에게 참정권을 주지 않았거든. 그래서 4·19 혁명은 생각할수록 대단해. 1948년에 정부를 수립해서 주권이 국민에게 있는 민주 공화국을 경험한 지 겨우 12년밖에 되지 않았는데 부패한 정권을 쓰러뜨리는 혁명을 해냈으니까.

4·19 혁명이 더욱 특별한 이유는 성별, 지위, 나이를 따지지 않고 모두가 함께했다는 점이야. 대학교수부터 학교를 다녀 본 적이 없는 무학력자까지 시위에 참여했고, 초등학생부터 80세가 넘은 노인까지 거리로 함께 나왔지. 마치 3·1 운동 때처럼 말이야. 특히 부산과 마산에서는 가장 강력한 구호를 내걸고 시위를 했던 사람들이 할머니, 할아버지들이었어. 이분들은 젊었을 때 3·1 운동에 참여했던 청년이었는데 노인이 되어 다시 정의를 위해 앞장섰다는 게 아주 뭉클하지. 또 4·19 혁명의 전체 희생자 중 10퍼센트가 초등학생과 중학생이었어. 서울

의 수송 초등학교 학생들은 총탄에 친구를 잃고 "국군 아저씨들, 부모 형제한테 총부리를 대지 마세요."라는 플랜카드를 들고 시위를 했고, 부산에서도 초등학생이 선두에 선 시위가 있었어. 이들은 27년 뒤 6월 민주 항쟁에서 중년의 넥타이 부대가 되어 다시 민주주의를 지키기 위해 거리로 나왔지.

4·19 혁명은 국민 모두가 함께 이뤄 낸 대한민국 민주주의의 첫 승리라고 정리할 수 있어. 이 첫 승리의 경험은 언제든 민주주의가 위기에 처할 때마다 국민들이 힘을 모아 이길 수 있다는 자신감을 심어 주었지. 그래서 헌법에도 적어 놓는단다. 4·19 정신을 잊지 말고 계승하자고 말이야.

"유구한 역사와 전통에 빛나는 우리 대한국민은 3·1 운동으로 건립된 대한민국 임시 정부의 법통과 불의에 항거한 4·19 민주 이념을 계승하고···."

광주 시민들은 참지 않아,

5·18 민주화 운동

전쟁이 난 것도 아닌데 수백 명이 죽고, 수천 명이 다친 일이 있었다면 믿어져? 그것도 도시 한복판, 훤한 대낮에, 우리나라 군인이 우리나라 국민들을 총으로 쏘고 칼로 베었다면?

영화에서나 나올 것 같은 일이 1980년 5월 광주에서 일어났어. 바로 우리나라 현대사의 아픈 손가락인 5·18 민주화 운동이야.

5·18 민주화 운동이 아픈 손가락인 이유는 민주주의를 지키기 위해 끝까지 싸웠다는 이유로 광주 시민들이 엄청난 고통을 외롭게 겪어야 했기 때문이야.

1980년 5월 광주에서는 도대체 무슨 일이 벌어졌던 걸까?

10·26 사태

4·19 혁명으로 이승만을 물러나게 하고, 대한민국의 주인은 국민임을 모두 함께 확인했지만 얼마 안 가 대한민국의 민주주의는 또다시 위기를 맞았어. 박정희라는 군인이 군사를 동원해 쿠데타를 일으켜서(5·16 군사 정변) 불법으로 권력을 잡았거든.

박정희는 4·19 혁명 이후 혼란한 나라를 안정시키기 위해 잠시만 자기가 권력을 잡고, 나라가 안정되면 물러나겠다고 약속했어. 하지만 이 약속은 지켜지지 않았지. 박정희는 이승만처럼 헌법을 여러 번 고쳐 가며 무려 18년 동안이나 대통령 자리에 앉았단다. 독재자를 쫓아냈는데 또 다른 독재자의 등장이라니.

박정희가 집권하는 기간에는 경제 발전이 우선이라며 민주주의는 늘 뒤로 밀렸어. 박정희 정권은 자신의 뜻에 반대하는

사람들을 테러, 고문, 납치 등 잔혹한 방법을 써 가며 지독하게 탄압했지.

세 번째 대통령 선거에서 아슬아슬하게 이긴 박정희는 유신 헌법이라는 이상한 헌법을 만들었어. 이 헌법으로 국민들은 더 이상 대통령을 직접 뽑을 수 없게 되었지. 그리고 대통령이 가져서는 안 되는 권한까지 대통령에게 전부 몰아 주었어.

온갖 권력을 손에 쥐게 되었지만 박정희의 최후는 아주 끔찍했어. 1979년 10월 26일, 박정희는 당시 중앙정보부장이던 자신의 부하, 김재규의 총에 맞아 갑작스레 죽고 말아(10·26 사태).

김재규는 왜 박정희를 쏘았을까? 당시 상황을 살펴보면, 폭압적인 독재 정치가 이어지면서 민심은 박정희 정권을 떠났고 시민들의 저항은 갈수록 심해졌어(부마 민주 항쟁). 박정희 정부는 크게 흔들리고 있었지. 이 상황에 어떻게 대처할 것인지 박정희 부하들 사이에서 크게 의견이 갈렸어. 내분이 일어났던 거지. 그 결과가 10·26 사태고, 5·18 민주화 운동 이야기는 여기서부터 시작해.

전두환과 신군부의 등장

박정희가 군사 정변을 일으켰을 때 전두환은 육군 사관 학교 출신의 젊은 군인이었어. 당시 전두환은 육군 사관 학교 생도들을 동원해 박정희를 지지하는 거리 행진을 주도했어. 이 일로 박정희 눈에 든 전두환은 군대의 요직을 두루 거쳤지.

박정희가 갑작스러운 죽음을 맞은 1979년 당시에도 전두환은 군대의 높은 자리에 있었어. 10·26 사태가 벌어지자 전두환은 합동 수사본부장이 되어 수사를 주도했지.

많은 국민들은 박정희가 죽었으니 당연히 유신 헌법을 없애 버리고 국민 손으로 직접 대통령을 뽑기를 원했어. 그러나 전두환은 그럴 생각이 전혀 없었어. 박정희의 갑작스러운 죽음으로 생긴 빈틈을 파고들어 권력을 차지할 생각이었지. 그래서 12·12 군사 반란을 일으켰어. 전방을 지키고 있던 군인들을 서울로 불러들여서 자신과 생각이 다른 군 간부들을 제거해 버렸지. 12·12 군사 반란은 법과 절차를 완전히 무시한 범죄 행위였어. 이 사건으로 전두환은 대한민국 군대를 완전히 장악했고, 누구도 막을 수 없는 사람이 되었어.

그래도 사람들은 민주주의에 대한 희망을 버리지 않았어. 학생들은 1980년 봄 내내 민주주의를 요구하는 시위를 벌였지. 정치인들과 지식인들도 최대한 빨리 민주 헌법으로 개헌하고 대통령 선거를 치르자고 주장했어. 5월 15일에는 서울역 근처에서 10만 명이 넘는 학생들이 모여 시위를 벌이면서 민주화 요구는 정점을 찍었어. 희망에 부풀었던 이 시기를 사람들은 '서울의 봄'이라고 불렀지. 그러나 군대를 장악한 전두환과 신군부는 사람들의 민주화 요구에 전혀 관심이 없었어. 정권을 완전히 차지할 생각뿐이었지.

신군부는 5월 17일 정부를 장악하고 비상계엄을 전국으로 확대한다고 발표했어. 비상계엄은 국가 비상사태가 발생하여 사회 질서가 극도로 혼란스러울 때 대통령이 선포하는 계엄이야. 계엄이 선포되면 군대가 행정, 사법 등 국가의 업무를 맡아 관리해.

계엄이 선포되자 국회는 해산되었고, 전국의 대학교에는 휴교령이 내려졌어. 모든 정치 활동은 금지되고, 민주화를 요구했던 대학생들과 지식인들, 유력한 대통령 후보까지 모두 붙잡혀갔지. 이 사건을 5·17 내란이라고 불러. 모든 희망이 꺾인 날이자 신군부에 모든 권력이 주어진 날이었지. 하지만 마지막까지 저항했던 사람들이 있었는데 바로 광주 시민들이었어.

열흘간의 외로운 싸움

5·18 민주화 운동은 5·17 내란 다음 날인 1980년 5월 18일부터 5월 27일까지 열흘간 광주에서 벌어졌던 민주화 운동을 말해.

서울의 봄 시기, 광주에서도 민주화를 요구하는 시위가 끊이질 않았어. 광주의 대학생들은 만약 일이 잘못되어 휴교령이 떨어지면 전남 대학교 앞에서 다시 만나자는 약속을 했지. 5월 17일 신군부가 비상계엄을 선포하고 휴교령을 내리자 전국의 대학에는 계엄군이 주둔하게 되었어. 그럼에도 광주 학생들은 약속을 잊지 않고 5월 18일 오전 하나둘 전남 대학교로 모여들었지.

계엄군은 학생들에게 해산을 명령했고 학생들은 "비상계엄 해제", "휴교령 철폐" 등을 외치며 맞섰어. 여기서 최초의 충돌이 발생했어. 계엄군은 학생들을 진압봉으로 폭행하고 거칠게 연행해 갔어. 화가 난 학생들은 시내를 돌아다니며 시위를 벌였는데 이날 오후 광주 시민들은 한 번도 보지 못했던 광경을 보게 돼. 시위를 막겠다고 시내로 들어온 계엄군은 손에 진압봉과 대검 꽂은 총을 들고 있었어. 그들은 손에 든 무기로 시

위대며 일반 시민이며 구별하지 않고 아무에게나 잔인한 폭력을 휘둘렀지. 실제로 보지 않고는 믿을 수 없는 수준의 폭력에 광주 시민들은 경악했어.

다른 지역에는 없는 저항이 광주에서만 발생하자 신군부는 공수 부대를 추가로 내려보냈어. 공수 부대는 전쟁이나 테러 상황에서 특수한 작전을 수행하는 특전사 부대야. 계엄군의 만행은 더욱 심해져서 시민들에게 총까지 쐈지. 그런데도 신문과 방송에는 단 한 줄의 소식도 실리지 않았어.

5월 21일 광주 시민들은 전남도청으로 모여들었어. 전날 계엄군에 의해 희생된 사람들의 소식이 전해진 터라 분노한 시민들로 도청 앞은 인산인해였어. 시민들은 전남도지사에게 정오까지 계엄군을 철수시키라고 요구했어. 하지만 받아들여지지 않았고, 오후 1시가 되자 갑자기 도청 스피커에서 애국가가 흘러나왔어. 이와 함께 계엄군은 단체로 허공에 총을 빵 쏘더니 시민들을 향해 조준 사격을 시작했어. 수많은 시민들이 총을 맞고 거리에 쓰러졌지.

이 끔찍한 광경을 목격한 광주 시민들은 분노를 참을 수 없었어. 살기 위해, 그리고 내 가족과 이웃을 지키기 위해 무장하기 시작했지. 인근 경찰서와 무기고에서 무기를 가져와 시민들에게 나누어 주었고, 사람들은 이들을 시민군이라고 불렀어. 시민군은 격렬하게 저항했고, 당황한 계엄군은 일단 광주 외곽으로 물러나게 돼. 시민군은 이날 저녁 도청을 장악하게 되었어.

그러나 시민들은 몹시 불안했어. 계엄군이 다시 쳐들어오는 건 시간 문제였으니까. 방법은 단 하나, 다른 지역이 함께 저항해 주는 것. 하지만 불가능한 일이었어. 광주 외곽은 계엄군들에게 포위되었지, 신문과 방송은 입을 다물었지, 시외 전화는 차단되어 있지, 그런데 무슨 수로. 광주는 너무 외로웠어.

어쨌든 광주 시민들은 사태를 수습해 보려 각자가 할 수 있는 일들을 했어. 아무도 시키지 않았지만 거리를 청소하고, 희생자들의 관을 만들고, 부상자들을 위해 헌혈을 했지. 고립된 섬이 된 처지라 생필품도 먹을 것도 부족했지만 서로 나누고 도왔어. 그 사이 수습 위원회가 만들어져서 계엄군과 협상을 진행했어. 하지만 계엄군은 광주 시민들을 폭도로 몰며 수습 위원회의 요구 사항을 전혀 들어주지 않았기 때문에 협상은 아무 성과가 없었어.

결국 계엄군은 5월 27일 자정까지 무기를 반납하고 해산하라는 최후통첩을 보냈어. 여성들과 어린 학생들을 먼저 집으로 돌려보낸 시민군은 이제 결정해야 했어. 해산할 것인지 도청에 남을 것인지 말이야.

3~400명 정도의 시민군이 죽음을 각오하고 도청에 남아 끝까지 싸우기로 했어. 자정이 되자 시내 전화마저 끊겼고, 계엄군 탱크가 시내로 진입하기 시작했어. 계엄군은 순식간에 도청을 포위한 뒤, 시민군에게 마구 총을 쐈어. 수십 명이 사망하고, 수백 명이 체포되어 끌려갔어. 광주 시민들의 열흘간 저항은 결국 신군부의 승리로 막을 내렸어.

광주가 남긴 교훈

광주 시민들은 패배했어. 5·18 민주화 운동을 끝으로 모든 저항을 제거한 신군부는 모든 권력을 장악했고, 전두환은 그해 8월, 11대 대통령 자리에 올랐어.

하지만 5·18 민주화 운동은 부끄럽지 않게 졌기 때문에 우리나라 현대사에 큰 교훈을 남겼어.

전두환 정부는 정권 내내 철저하게 언론을 탄압했어. 신문과 방송은 5·18 민주화 운동을 이야기할 수 없었어. 뉴스에는 매일 전두환을 찬양하는 내용이 흘러나왔지.

하지만 진실은 가린다고 가려지는 게 아니잖아. 목격자들의 증언과 외신의 취재 내용이 다른 지역으로 점차 퍼지면서 사람들은 광주의 진실을 알게 되었어. 그리고 깨달았어. 모두가 함께하는 저항이 아니고서는 폭력 앞에 무릎 꿇을 수밖에 없고, 죄 없는 시민들의 억울한 희생만 남긴다는 것을 말이야. 그래서 7년 뒤에는 고립되는 지역 없이, 전국의 수많은 시민이 다 함께 참여하는 민주화 운동이 일어났어. 바로 다음 장에서 다룰 6월 민주 항쟁이지.

5·18 민주화 운동 기간 내내 신군부는 광주 시민들을 '폭도'라고 부르며 비하했어. 그러나 광주 시민들은 높은 시민 의식과 빛나는 공동체 정신을 보여 줌으로써 그 말을 정면으로 반박했어.

계엄군이 잠시 후퇴하면서 경찰까지 같이 빠져나간 광주 시내는 치안 부재 상태였어. 누가 범죄를 저질러도 어떻게 할 수 없는 상황이었지. 하지만 이 기간 광주에서는 단 한 건의 강력 범죄도 일어나지 않았어. 은행과 상점들도 무사했지. 광주로 들어오는 길목이 다 막혀서 물자가 매우 부족했지만 매점매석은커녕 부족한 물건은 나눠 쓰고, 주먹밥을 만들어 함께 먹었어. 부상자가 워낙 많아 혈액이 부족해지자 어린 학생들부터 노인까지 줄을 서서 헌혈을 했지. 신군부 말대로 시민군이 '폭도'였다면 손에 무기까지 쥔 이들이 제일 먼저 한 일은 은행과 상점 털기였을 거고, 광주는 온갖 강력 범죄로 아수라장이 되었을 거야. 공수 부대의 비인간적인 폭력에 짓밟혔지만 광주 시민들은 인간애를 실천했어.

특히 5·18 민주화 운동은 사람들에게 민주주의의 가치를 깊이 생각해 보게 했어. 계엄군이 도청으로 진압해 오던 마지막 밤, 내가 광주에 있었다면 끝까지 싸울 수 있었을까 고민하게 만들었지. 평범한 사람들이 죽음을 각오하고 지키려 했던 민주주의를 시민들은 포기할 수 없었어. 그래서 6월 민주 항쟁이 일어날 수 있었고 6월 민주 항쟁의 성공으로 독재 정권은 종말을 맞게 되지.

군사 독재 더 이상 참지 않아,

6월 민주 항쟁

박정희가 1972년에 유신 헌법을 만든 이후로 우리나라 국민들은 대통령을 직접 뽑을 수 없었어. 통일 주체 국민 회의라는 단체에서 대통령을 뽑았지. 이 단체는 박정희를 지지하는 사람들로만 구성되어 있어서 대통령 선거 결과는 늘 보나마나였어.

전두환은 박정희가 물려준 유신 헌법으로 11대 대통령 선거를 치렀어. 결과는 역시 뻔했지. 전두환은 통일 주체 국민 회의에서 몰표를 받아 손쉽게 대통령이 되었단다. 그리고 곧 헌법을 고쳤는데 유신 헌법을 조금 수정한 것에 불과했어. 새 헌법은 통일 주체 국민 회의를 없애고, 대통령 선거인단이 대통령을 뽑도록 했어. 그러나 대통령 선거인단은 대부분 전두환이 속한 민주 정의당 소속이어서 통일 주체 국민 회의랑 다를 게 없었지. 90퍼센트가 넘는 표를 받은 전두환은 바뀐 헌법에 따라 7년 임기의 12대 대통령 자리에 올랐어.

여기까지 읽으니까 답답함이 밀려오지? 도대체 언제 대통령을 국민 손으로 직접 뽑게 되는 걸까? 망가진 민주주의는 언제 회복되는 걸까? 이 모든 답은 6월 민주 항쟁에 있어.

박종철 고문치사 사건

전두환 정권 시기에는 대통령을 비판하려면 목숨을 걸어야 했어. 전두환은 자신에게 반대하는 사람을 가만두지 않았거든. 그래서 자신과 뜻을 달리하는 정치인들을 모두 정치권 바깥으로 쫓아내고 일절 활동을 못하게 했어. 그리고 정당 몇 개를 만들어서 적절히 야당 흉내를 내도록 시켰지. 따라서 대통령을 견제해야 할 국회 의원은 존재하지 않았어.

신문과 방송은 보도 지침이라는 게 있어서 전두환 정권에 불리한 소식이나 전두환 정권을 비판하는 주장을 내보낼 수 없었지. 대학생들이나 지식인들이 정부에 비판적인 활동을 했다 하면 붙잡아다 고문하고 감옥에 넣었어. 그 과정에서 목숨을 잃은 사람들도 많았단다. 이러니 나랏일이 잘못되어도 누구하나 쓴소리도 못 하고 막아설 수도 없는 답답한 날들이 계속

됐어.

하지만 기회는 왔어. 1986년 아시안 게임과 1988년 서울 올림픽이 다가오고 있었거든. 세계인의 시선이 한국을 향하고 있었어. 따라서 전두환 정권도 한발 물러날 수밖에 없었지. 일부 정치인들의 활동이 허락되고, 대학교에 눌러앉아 학생들을 감시하던 경찰들도 철수하는 등 약간의 변화가 있었어.

정치인들과 대학생들은 이 기회를 잡아 개헌 운동을 시작했어. 이 암울한 시기를 끝낼 방법은 대통령을 직접 국민의 손으로 뽑는 거였으니까. 그러려면 반드시 헌법을 고쳐야만 했지. 여기에 각계각층 사람들이 찬성하고 나서면서 개헌은 급물살을 타는구나 싶었어.

하지만 전두환 정권은 만만치 않았어. 개헌을 주장하는 사람들을 강력하게 탄압했어. 최루탄과 물대포를 쏘고 수천 명을 연행하면서 개헌 운동은 힘을 잃고 말았지.

그러는 사이 해가 지나 1987년 1월이 되었어. 아무런 희망도 없는 추운 겨울이었지. 하지만 이 추위를 싹 잊게 만드는 사건이 하나 발생하는데, 순식간에 그때까지의 상황을 뒤집어 버렸어. 바로 '박종철 고문치사 사건'이야.

박종철은 서울 대학교 3학년 학생이었어. 1987년 1월 어느

날, 박종철의 하숙집에 들이닥친 경찰들은 선배가 어디 있는지 말하라며 다짜고짜 박종철을 끌고 갔어. 그러고는 원하는 답을 못 듣자 박종철을 물고문하기 시작했어. 결국 박종철은 고문을 받다가 사망하고 말았지.

경찰은 박종철을 조사하다가 "책상을 탁! 치니 억! 하고 죽었다."는 말도 안 되는 발표를 했고, 국민들은 분노로 끓어올랐어. 곧 박종철을 추모하는 여러 행사가 계획되었지만 경찰이 철저하게 막았고, 전두환 정부는 책임자 몇 명을 처벌하는 선에서 적절히 덮으려고 했지.

전두환이 무리수만 두지 않았다면 박종철 고문치사 사건도 시간이 지나면서 잊혔을지 몰라. 하지만 전두환은 곧이어 4·13 호헌 조치라는 어이없는 발표를 하게 돼. '호헌'이란 헌법을 지킨다는 뜻이야. 전두환이 자신의 권력을 만들어 준 현재의 헌법을 바꾸지 않고 유지하겠다고 선언한 거지.

아까 얘기했듯이 몇 가지 규제가 풀리자 정치인들과 대학생들이 개헌 운동을 하고 있었잖아. 여기에 수많은 국민들이 동의하고 나서니까 전두환 정부도 개헌을 완전히 외면할 수 없었어. 그래서 전두환 정부와 여당, 야당이 함께 개헌 논의를 하고는 있었거든. 의견 차가 심해서 진전이 없었을 뿐이지. 그런데

4·13 호헌 조치는 아예 개헌 이야기도 꺼내지 말라는 거였어.

국민들은 전두환 정부와는 대화가 통하지 않는다는 결론을 냈어. 뒤이어 5월 18일 명동 성당에서 열린 5·18 민주화 운동 7주기 추모 미사에서 박종철의 사망 사건이 실제보다 축소 발표되었다는 사실이 폭로됐어. 국민들의 분노는 이제 참을 수 없는 지경이 되었지. 박종철의 죽음과 4·13 호헌 조치는 사람들의 시선을 독재 타도와 개헌으로 모아 주었고, 특히 평소에는 정치에 관심이 없던 평범한 시민들의 마음까지 흔들었어. 4·13 호헌 조치는 꺼져 가던 개헌 불씨에 부채질을 한 전두환의 자살골이 되었던 거지.

전국이 동시에, 시민이 다 함께

사회 각계각층에서 저항의 불꽃이 활활 타오르기 시작했어. 이에 5월 말 야당 정치인, 대학생, 지식인, 종교인들은 '민주 헌법 쟁취 국민 운동 본부'를 결성했어. 민주주의를 바라는 모든 사람들의 힘을 한데 모아 함께 싸우자는 뜻이었지. 줄여서 '국본'이라고 하는데 국본은 6월 10일을 첫 집회의 날로 정했어.

그래서 이 사건을 6월 민주 항쟁 또는 6·10 민주 항쟁이라고 부르지. 이날은 민주 정의당 대통령 후보를 지명하는 날이기도 했는데, 전두환의 후계자를 결정하는 행사라 민주화 운동 세력이나 독재 정권 세력 모두에게 아주 중요한 날이었어.

대망의 첫 집회 전날인 6월 9일, 각 대학교에서는 사전 집회를 열었어. 연세 대학교에서도 사전 집회가 열려 천여 명의 학생들이 모였지. 집회를 막으러 온 경찰은 최루탄을 쏘며 학생들을 막아섰고, 이 최루탄에 연세 대학교 학생 이한열이 뒤통수를 직격으로 맞고 말았어.

당시 연세 대학교 정문 앞에는 많은 기자들이 집회를 취재하러 나와 있었는데 이한열이 피를 흘리며 쓰러지는 장면이 그대로 카메라에 찍혔어. 신문으로 이 장면을 본 많은 시민들은 분노를 참을 수 없었고, 다음 날 6월 10일 시위에 대거 참여하게 돼.

그런데 이거 어디서 본 장면 같지 않아? 4·19 혁명이 전국 시위로 발전한 계기가 마산에서 최루탄을 맞고 사망한 김주열의 시신이 발견되면서부터였잖아. 역시 역사는 반복된다니까.

전두환 정부는 6월 10일 시위를 막으려고 별짓을 다했어. 시민들이 차에서 경적을 울리며 시위대에 동조하는 것을 막으려고 경적을 금지한다는 황당한 발표를 했어. 택시와 버스의 경적은 아예 떼어 버렸지. 지하철은 시위가 벌어지는 시내 구간을 그냥 통과했어. 회사에서는 직원들을 조기 퇴근시키고, 학교에서는 학생들을 조기 하교시켰지.

하지만 이런 조치들 때문에 사람들이 더욱 시위에 참여하게 되었다는 게 재밌는 점이야. 6월이라 날씨는 좋고, 회사랑 학교는 일찍 끝났고, 지하철도 운행을 하지 않으니 시내를 걸으면서 자연스럽게 시위대에 합류하게 되는 거지.

이날 시위에는 전국 22개 지역에서 수십만 명이 동시에 참여했어. 시민들은 5·18 민주화 운동이 남겨 준 교훈을 잊지 않았어. 고립되는 지역 없이, 전국 동시에 벌어지는 시위에 전두환 정부는 당황할 수밖에 없었지. 이날 하루에만 수천 명이 연행되었지만 시위는 멈추지 않고 계속됐어.

6월 10일 첫 시위 이후로 전국에서는 거의 하루도 빠지지 않고 시위가 벌어졌어. 그러다 보니 시위를 막는 경찰들은 버스를 타고 전국을 떠돌아다니는 신세가 되었지. 전국에서 동시다 발적으로 열리는 시위를 경찰은 도저히 막아 낼 수가 없었어.

이한열이 최루탄에 맞은 사건을 계기로 열린 6월 18일 최루탄 추방 대회에는 6월 10일보다 훨씬 더 많은 사람들이 모였어. 특히 평소 민주화 운동에 앞장서던 대학생, 지식인, 종교인뿐만 아니라 '넥타이 부대'라고 불리는 직장인의 참여가 눈에 띄었단다.

경찰이 시위대를 막지 못하자 전두환은 5·18 때처럼 군대를 동원하려고 했어. 하지만 바로 다음 해에 서울 올림픽이 열리는 터라 국제적인 관심이 한국에 쏠려 있어서 서울 한복판에 군인을 푸는 건 어려웠지. 무엇보다 이미 5·18 때 시민들을 짓밟고 정권을 잡았는데 또 그런 짓을 반복하는 것은 큰 부담이라 결국 군대를 동원하지 못했어.

전두환은 뒤늦게 호헌 선언을 취소한다고 했지만 시민들은 여기서 만족하지 않고 6월 26일 국민 평화 대행진에 참여해서 전두환 정권을 끝까지 압박했어. 이날 시위는 대도시는 물론, 중소 도시와 농촌 지역에서도 벌어졌는데 100만 명이 넘게 참여했다고 해. 꼭 3·1 운동을 다시 보는 것 같지?

이렇게 모인 전국의 시민들은 한목소리로 대통령 직선제 개헌을 외쳤어. 결국 6월 29일, 민주 정의당 대통령 후보인 노태우가 대통령 직선제 개헌을 수용하는 선언을 하면서 6월 민주 항쟁은 시민들의 승리로 막을 내렸어.

굿바이 군사 독재, 웰컴 시민 사회

그동안 우리 사회는 지독한 역사의 반복을 계속해 왔어. 사회가 혼란해지면 독재자가 등장해서 민주주의를 탄압하고, 그 독재자를 어렵게 몰아내면 또 다른 독재자가 등장해서 다시

민주주의를 탄압하는 일 말이야.

6월 민주 항쟁은 그 지독한 반복을 끊어 낸 사건이야. 6월 민주 항쟁 이후 군사 독재는 끝이 났고, 정상적인 선거를 통해 국민의 대표자를 뽑는 것은 너무나 당연한 일이 되었어. 정당 정치도 활성화되어 정권이 만든 허수아비 정당들은 사라지고, 정치에서 정당이 맡는 역할과 중요성이 훨씬 커졌지. 또 예전에는 대통령을 비난하는 말을 하는 게 쉬운 일이 아니었는데 6월 민주 항쟁 이후로 그런 문화는 거의 사라졌어. 6월 민주 항쟁은 대한민국의 정치적 민주화를 이뤄 낸 역사적 사건이야.

정치적 민주화를 이뤄 낸 시민들은 이제 다른 곳에 눈을 돌리기 시작했어. 교육, 노동, 경제, 보건, 복지, 환경 등 시민들의 권리가 잘 보장되지 않는 분야를 개선하기 위해 단체를 만들고 목소리를 내기 시작했지. 우리나라 시민 단체들은 대부분 6월 민주 항쟁 이후 만들어졌다고 해. 6월 민주 항쟁은 우리나라 국민의 시민 의식을 발전시키는 데에도 큰 몫을 했어.

6월 민주 항쟁은 훗날 촛불 집회에 큰 영향을 미쳤어. 다음 장에서 살펴볼 촛불 집회는 6월 민주 항쟁의 전통을 계승했다고 말할 수 있어. 6월 민주 항쟁은 평범한 사람들이 선한 의지를 가지고 참여한 것이 승리의 큰 요인이었어. 학생, 직장인,

상인, 주부 등 특정 단체에 속하지 않은 사람들이 자발적으로, 전국에서 20여 일간 시위를 이어 갔지. 30년 뒤에 벌어진 촛불 집회도 마찬가지였는데 6월 민주 항쟁보다 더 업그레이드되었어. 6월 민주 항쟁보다 더 오랜 기간, 6월 민주 항쟁보다 더 많고 다양한 사람들이, 더 평화로운 방식으로, 6월 민주 항쟁이 만들어 놓은 민주주의 체제를 지키고 또 보완하기 위해 집회를 열어서 엄청난 결과를 만들어 냈지.

민주주의 후퇴 참지 않아,

촛불 집회

1987년 6월 민주 항쟁으로 우리 국민은 정치적 민주화를 이루어
냈어. 하지만 끝은 다시 시작이었어. 정치적 민주화 외에도 우리
사회에는 해결해야 할 문제가 많았거든. 경제 문제, 통일 문제,
환경 문제, 안전 문제, 교육 문제 등이 줄 서 있었지.
이런 문제들을 고민하고 해결해야 할 대표자들은 국민이 선거로
뽑은 사람들이긴 했지만 늘 일을 잘하는 건 아니었어. 국민의 삶
을 돌보기는커녕 권력을 이용해 욕심을 채우는 일이 많았고, 심
지어 민주주의를 훼손하고 법에 어긋난 일도 저질렀지.
한국 사회는 6월 민주 항쟁 이후에도 여러 번 고비를 맞았어. 이
런 고비 때마다 등장한 게 촛불 집회야. 2000년대 초부터 등장한
대규모 촛불 집회는 당대 우리 사회가 해결해야 할 문제점을 정
확하게 짚어 내며 시민들의 힘을 보여 주었고, 한국 민주주의의
상징이 되었어.

촛불 집회의 역사

촛불 집회는 밤에 여러 사람이 모여서 촛불을 들고 진행하는 비폭력 집회를 말해. 직접 본 친구들도 있을 것 같고, 텔레비전이나 책에서 본 친구들도 있을 거야. 교과서에도 촛불 집회가 실려 있지. 언제부턴가 촛불 집회는 우리나라 집회 문화의 상징이 되었어.

사실 촛불 집회를 우리나라에서만 하는 건 아니야. 촛불 집회의 시작은 1969년 미국이었어. 반전 운동가들이 촛불을 들고 베트남 전쟁 반대 시위를 벌인 게 최초지. 1988년 체코슬로바키아에서도 공산주의 독재 정권에 반대해서 촛불을 들고 시위를 한 적이 있어. 2010년대에 들어서는 독일, 일본, 홍콩, 미국 등 여러 나라에서 촛불 집회가 종종 벌어졌지.

그런데 왜 촛불 집회가 한국 민주주의의 상징이냐고? 수십만, 수백만 명이 모이는 대규모 촛불 집회가 여러 번 열린 것은 우리나라뿐이고, 촛불 집회를 통해 의미 있는 변화를 만들어 낸 것도 우리나라뿐이기 때문이지.

우리나라 촛불 집회의 시작도 꽤 오래되었어. 1970~80년대 민주화 운동에서 촛불 집회가 종종 등장했고, 1990년대 한 온라인 서비스 이용자들의 촛불 집회도 있었지. 하지만 촛불 집회가 지금 같은 대중적 집회가 된 것은 2002년의 효순이·미선이 추모 촛불 집회부터야.

효순이·미선이 사건은 주한 미군 장갑차에 의한 여중생 사망 사건이라고도 하는데, 이름에서 알 수 있다시피 당시 중학생이었던 신효순, 심미선 학생이 미군 장갑차에 깔려 사망한 안타까운 사건이었어.

우리나라는 6·25 전쟁 이후 휴전 체제 관리를 위해 미군이 주둔하고 있거든. 문제의 미군 장갑차는 훈련을 위해 좁은 갓길을 지나가게 됐는데 두 학생을 미처 피하지 못해 사고가 나고 말았지.

시민들은 크게 분노하고 슬퍼했어. 그때 한 네티즌이 추모의 의미로 촛불 집회를 제안했고, 이 제안이 인터넷을 통해 널리 퍼지면서 첫 촛불 집회가 열렸어. 효순이·미선이 추모 촛불 집회는 한 달 이상 지속되면서 200만 명이 참여했지. 결국 주한 미국 대사의 사과와 미국 대통령의 유감 표명이 이루어졌어.

효순이·미선이 추모 촛불 집회는 '촛불 시민'이라는 완전히 새로운 개념을 만들어 냈어. 촛불 시민은 평범한 중고등학생, 대학생, 회사원, 주부 들이었어. 특정 정당이나 단체에 속한 사람들이 동원돼서 집회에 온 게 아니었지. 집회 정보를 인터넷에서 찾아보고는 가족끼리, 친구끼리, 아니면 혼자서라도 자발적으로 참여했던 거야. 이전에는 없었던 새로운 집회 참여자의 등장이었지.

2008년에는 쇠고기 때문에 대규모 촛불 집회가 열리게 돼. 2003년 미국에서 광우병에 걸린 소가 발견되면서 우리나라는 미국산 쇠고기 수입을 중단했어. 2008년 우리나라는 미국산 쇠고기 수입을 다시 시작하기로 했고, 미국과 협상을 했지. 그런데 이 협상 내용이 우리나라에 유리하지 않았어. 광우병을 일으킬 위험이 큰 부위도 수입하고, 연령이 높은 소도 수입하고, 미국에서 광우병이 발생해도 곧바로 수입을 중단할 수 없다는 내용이었거든.

광우병에 대한 정보가 많지 않은 시절이라 사람들은 걱정이 컸어. 또 우리 가족이 먹을 음식이 이런 식으로 결정되는 것에

화가 많이 났지. 무엇보다 정부의 태도에 실망했어. 중요한 결정을 내릴 때 충분한 정보를 제공하고 국민의 동의를 구하는 과정 없이 "결정했으니 따르라."는 건 주권자인 국민을 무시하는 거라고 느꼈지.

가장 먼저 촛불을 켠 건 놀랍게도 10대 여학생들이었어. 학생들의 촛불 문화제를 시작으로 전국의 광장에서 촛불이 활활 타올랐어. 석 달가량 이어진 촛불 집회에는 300만 명에 달하는 사람들이 참여했단다. 결국 당시 대통령 이명박은 국민에게 사과했고, 재협상을 거쳐 30개월이 안 된 소만 수입하기로 결정했어. 또 광우병 위험이 큰 부위도 수입하지 않기로 했지.

이 일은 국민을 바라보는 정치인들의 시각을 반성하게 만든 계기가 되었어. 국민은 결정을 통보받는 대상이 아니라 정보를 공유하고 논의해서 함께 결정하는 주체라는 걸 촛불 집회로 확인시켰지.

이외에도 2002년부터 2016년 사이 다양한 이슈를 담은 촛불 집회가 열렸어. 아무리 말해도 시민들의 목소리를 들어 주질 않으니 촛불을 들고 광장으로 나갔던 거지. 1987년 6월 민주 항쟁으로 이룬 정치적 민주화는 안타깝게도 자꾸만 색이 바래 가고 있었어. 대표자를 민주적인 선거로 뽑게 되었지만 이렇게 뽑힌 대표자들은 시민들이 처한 문제에 큰 관심이 없어 보였어. 그럴 때마다 시민들은 촛불을 들었고 촛불 집회도 계속 진화해 갔지.

2016~2017년 촛불 혁명, 촛불을 들어 구해 낸 민주주의

2014년 4월 16일을 잊을 수 있는 대한민국 사람이 있을까? 수백 명의 승객이 탑승하고 있던 세월호가 서서히 가라앉는 것을 텔레비전으로 보고만 있어야 했던 그 충격적 경험은 많은 사람들에게 큰 상처와 부채감을 남겼어. 그리고 더는 사회가 망가져 갈 때 '가만히 있지 않겠다.'는 다짐을 하게 만들었지.

한편 이 사건을 계기로 당시 정권을 잡고 있던 박근혜 정부의 무책임함이 수면 위로 떠올랐어. 그 후로도 박근혜 정부는 세월호 참사의 진상을 밝히겠다는 의지를 크게 보이지 않았어. 오히려 국민들의 뜻에 반하는 정책들을 추진하면서 실망감만 계속 안겨 주었지.

그러던 2016년 10월 엄청난 사건이 터졌어. 박근혜 대통령이

한 지인에게 국가 운영의 많은 부분을 맡겼다는 거야. 대통령 연설문 작성부터 시작해서 대통령의 중요한 의사 결정, 인사 문제 등 대통령이 해야 할 일이 그 사람 손을 거쳤어. 정식으로 공직에 임명된 적도 없고, 선거로 뽑힌 적도 없는 민간인이 대통령과 친하다는 이유로 엄청난 권력을 휘두르며 세금과 공공기관을 자신의 이익을 위해 마음대로 사용했지.

매일매일 새로운 비리가 터져 나왔어. 사람들은 충격과 분노를 참을 수 없었어. 국민들이 대통령으로 뽑은 것은 박근혜지, 그 지인이 아니었거든. 헌법과 민주주의의 수호자가 되어야 할 대통령이 헌법을 무시하고, 민주주의를 무참히 짓밟은 거야. 그러나 박근혜 대통령은 반성하는 것처럼 보이지 않았어. 이런 상황에서 대통령을 압박해야 할 국회 의원들은 정치적 계산을 하느라 재빨리 나서질 않았지. 결국 시민들은 촛불을 들 수밖에 없었어.

2016년 10월 29일 처음 켜진 광장의 촛불은 꺼지지 않고 매주 토요일마다 불을 밝혔어. 5만 명으로 시작한 촛불 집회는 한 주 한 주 지날 때마다 수가 불더니 금세 100만 명이 참여하는 초대형 집회가 되었지.

이제는 국회 의원들도 나서지 않을 수 없었어. 12월 3일, 국

회는 박근혜 대통령 탄핵 소추안을 내놓았어. 대통령을 파면 시키기 위해서 말이야. 이날 촛불 집회는 절정에 달해서 230만 명이 넘는 사람들이 광장에 모였어. 대한민국 정부가 수립된 이래 최대 규모의 집회였다고 해. 6월 민주 항쟁 때보다 많이 모인 사람들을 보고 정치인들은 간담이 서늘해졌을 거야.

결국 박근혜 대통령 탄핵 소추안은 무난히 국회를 통과했어. 하지만 시민들은 탄핵 소추안이 통과되었어도 광장을 떠날 생각이 없었어. 헌법 재판소에서 최종 결정을 내리고 대통령이 파면될 때까지 촛불을 들기로 한 거지. 시민들은 나라를 이 지경으로 만든 정치인들을 완전히 믿을 수 없었기 때문에 끝까지 압박할 생각이었어. 2016년 10월 말에 시작한 촛불은 크리스마스, 다음 해 설날을 지나 3월까지 이어졌어.

마침내 2017년 3월 10일, 헌법 재판소는 만장일치 의견으로 박근혜 대통령 파면을 결정했고, 그제야 촛불 집회도 막을 내렸어. 추락을 거듭하다 아예 땅에 처박힌 민주주의를 시민들이 촛불을 들어 구해 낸 사건이었지.

촛불이 남긴 메시지

장장 5개월간 1,600만 명 이상이 참여한 2016~2017년 촛불 집회는 대한민국 정부 수립 이래 최초로 대통령이 파면되는 엄청난 결과를 낳았어. 미국의 유력 신문인 〈워싱턴 포스트〉는 매주 평화롭게 이어지는 촛불 집회를 보고 "대한민국은 세계에 민주주의를 어떻게 하는 건지 보여 주었다."라고 표현했지. 정말 적절한 표현인 게, 2016~2017년 촛불 집회는 과정과 결과 모두 민주주의 그 자체였거든.

시민들은 망가진 민주주의에 실망해서 광장에 나왔지만 민주주의를 포기하지 않았어. 오히려 기존 민주주의 제도를 자신들의 무기로 활용했지. 대통령이 스스로 물러나지 않는다면 탄핵한다는 카드를 꺼내 놓은 건 정치인들이 아니라 광장에 모인 시민들이었어.

시민들은 대통령 탄핵이 헌법에 적힌대로 이루어지도록 매주 촛불을 들어 국회를 압박했어. 국회를 압박하기 위해서는 아주아주 많은 사람들이 모여야만 했지. 매주 토요일 집회 때마다 적게는 수만, 많으면 200만 명이 넘는 사람들이 모였지만 단 한 건의 물리적 충돌도 없었고, 집회에 참여한 시민들은 철저하게 질서를 지키며 평화 시위를 이어 나갔어.

정치인들은 시민들의 높은 시민 의식과 결연한 태도에 큰 두려움을 느꼈어. 아무리 선거로 뽑힌 대표자라도 헌법과 민주주의를 훼손한다면 언제든 국민들이 끌어내릴 수 있다는 걸 깨달았지.

5개월간 광장에 모였던 1,600만 명의 시민은 지역도, 이념도, 나이도, 성별도 다 제각각이었지만 한 가지 같은 생각을 가지고 있었어. 바로 민주주의를 지켜야 한다는 거.

따라서 앞으로도 민주주의를 훼손하는 일이 생긴다면 시민들은 다시 광장으로 나올 거고, 엄청난 저항을 각오해야 할 거야. 늘 그래 왔듯이 한국인은 참지 않으니까.